折戟沉沙
溫都爾汗

王海光 著

崧燁文化

目　　　錄

再版前言 / 001

一、走上神壇的林彪 / 009
從士兵到元帥 / 010
走上政治前台 / 012
「高舉」和「緊跟」 / 016
黨內鬥爭的「大贏家」 / 021

二、在接班人的旗幟下 / 031
逆取順守的「政變經」 / 032
天下大亂的「副統帥」 / 046
個人崇拜的「親密戰友」 / 055
上了黨章的「接班人」 / 062

三、「無產階級司令部」的宗派政治 / 069
「路線鬥爭」的宗派體系 / 070
打、拉、罷、升的權力遊戲 / 076
政治家庭的家庭政治 / 080

四、毛家灣與釣魚台 / 089
左右互搏，槍桿子與筆桿子 / 090
聲氣相投，毛家灣來了老夫子 / 095
爭權奪利，接班人地位的動搖 / 102

五、「大有炸平廬山之勢」／１０９
設國家主席，林集團廬山起鬨／１０９
《我的一點意見》，毛澤東扭轉乾坤／１１７
陳伯達失風被批，四大將落馬檢討／１２１

六、鋌而走險的「五七一」工程／１２５
批陳整風，毛澤東刨根追柢／１２６
圖謀不軌，林立果密商「五七一」／１３５
南方巡視，毛澤東釜底抽薪／１５０
謀逆未遂，「小艦隊」驚慌失措／１５９

七、「九一三」事件的分分秒秒／１７１
部署南逃，北戴河靜中有動／１７２
關鍵時刻，林豆豆緊急報案／１７８
倉皇叛逃，毛澤東揮手放行／１８２

八、溫都爾汗的荒塚／１８９
禍起蕭牆，周恩來運籌帷幄／１８９
折戟沉沙，副統帥葬身荒漠／１９４
舉國震驚，歷史又到新關口／２０１

1937年，抗日軍政大學校長林彪在延安給學員們演講。

1970年10月1日,毛澤東、林彪在天安門城樓上接見軍隊幹部。

1971年《人民畫報》七、八期合刊和《解放軍畫報》七、八期合刊，刊登了江青1971年6月9日在釣魚台親自拍攝的林彪讀毛澤東選集的大幅脫帽照片，署名「峻嶺」。7月31日的《人民日報》發表消息稱：「這張照片把林副主席無限忠於毛主席的深厚無產階級感情，生動形象地展現在人們面前，給了人們巨大的激勵和鼓舞。」林彪照片發表後，葉群給江青打電話，代表林彪表示感謝。江青答謝說：「主要是林副主席的形象好，同時又是學習毛主席著作最好、最高的代表。請林副主席保重身體。」這幅照片的發表，讓從批陳整風以來一直高度緊張的林彪方面鬆了一口氣。林立果說：「現在空氣緩和了，好轉了。葉群檢討過了關，江青也做了姿態。」

《「五七一工程」紀要》影印文件之二。

《「五七一工程」紀要》影印文件之三。

《「五七一工程」紀要》影印文件之四。

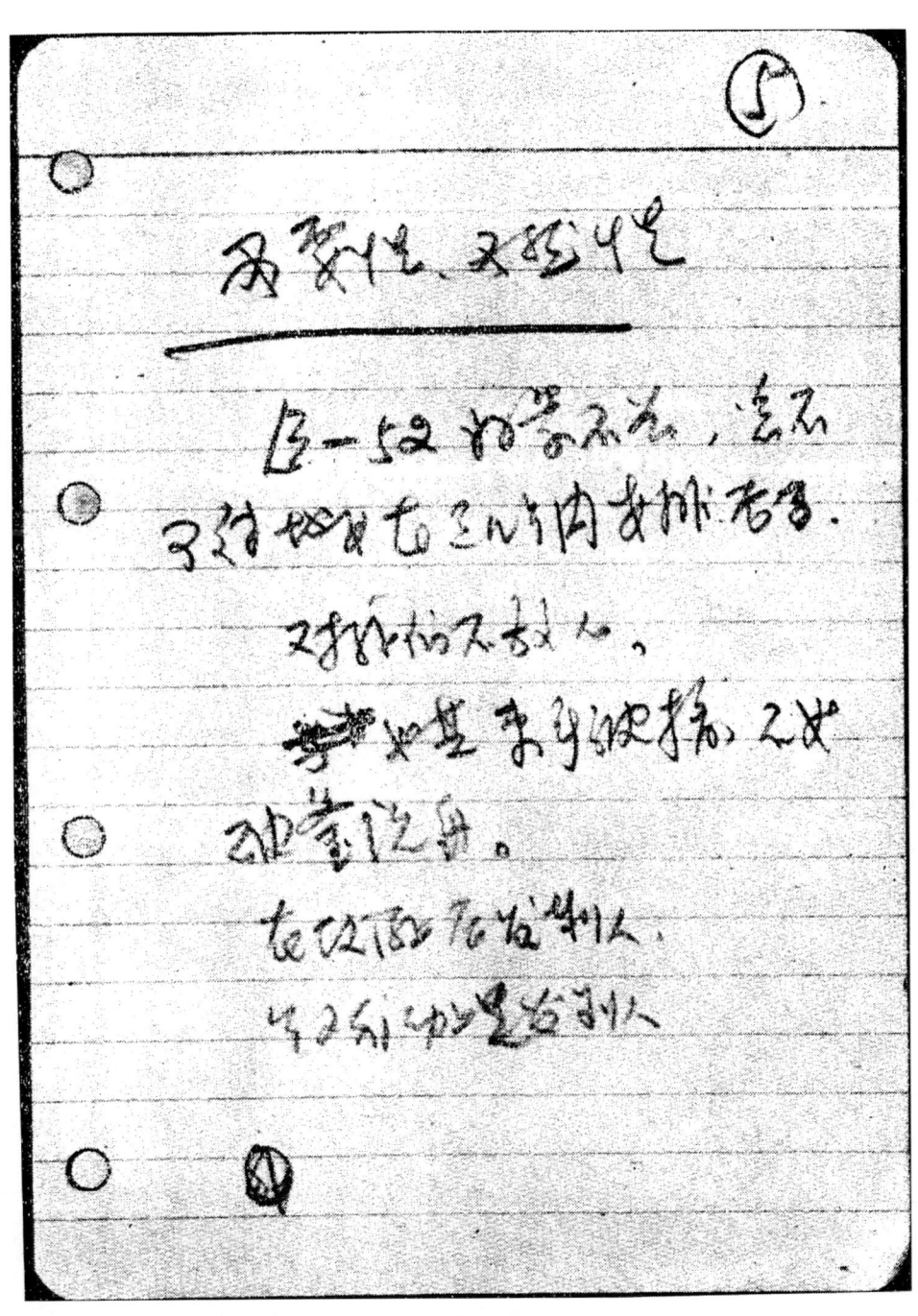

《「五七一工程」紀要》影印文件之五。

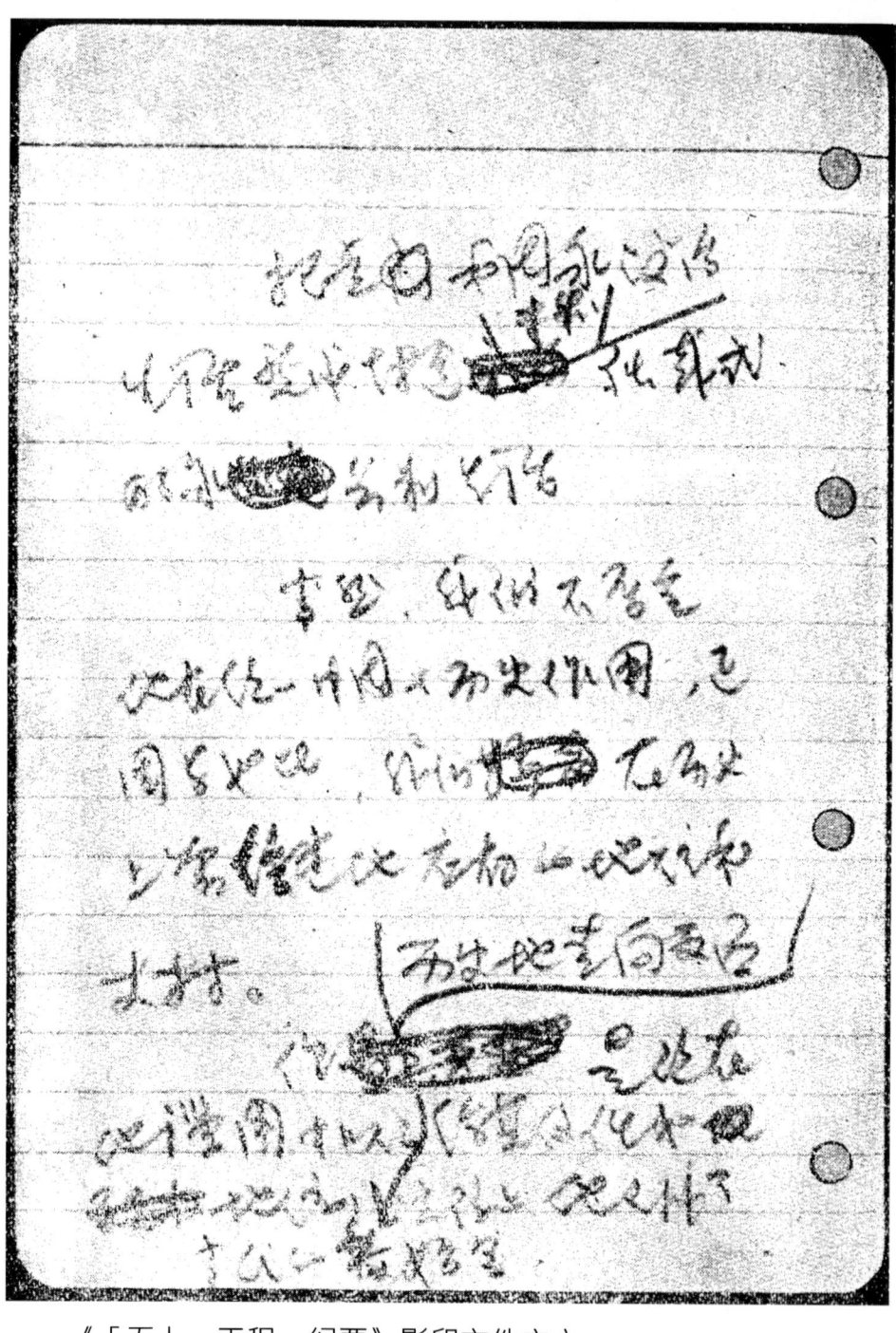

《「五七一工程」紀要》影印文件之六。

在蒙古溫都爾汗地區蘇布拉嘎盆地墜毀的林彪飛機殘骸。該地在溫都爾汗市西北七十多公里處。箭頭所指示處，是三叉戟飛機的機號256。

被碰壞的加油車　碰壞的加油車頂部　好的加油車頂部

　　1971年9月13日零點三十二分,林彪等人所乘256號三叉戟飛機在山海關機場倉皇起飛。一點五十五分,在中蒙邊界414號界標上空進入蒙古。這是飛機倉皇起飛時,碰壞的加油車頂部和從飛機右翼碰下的碎片。

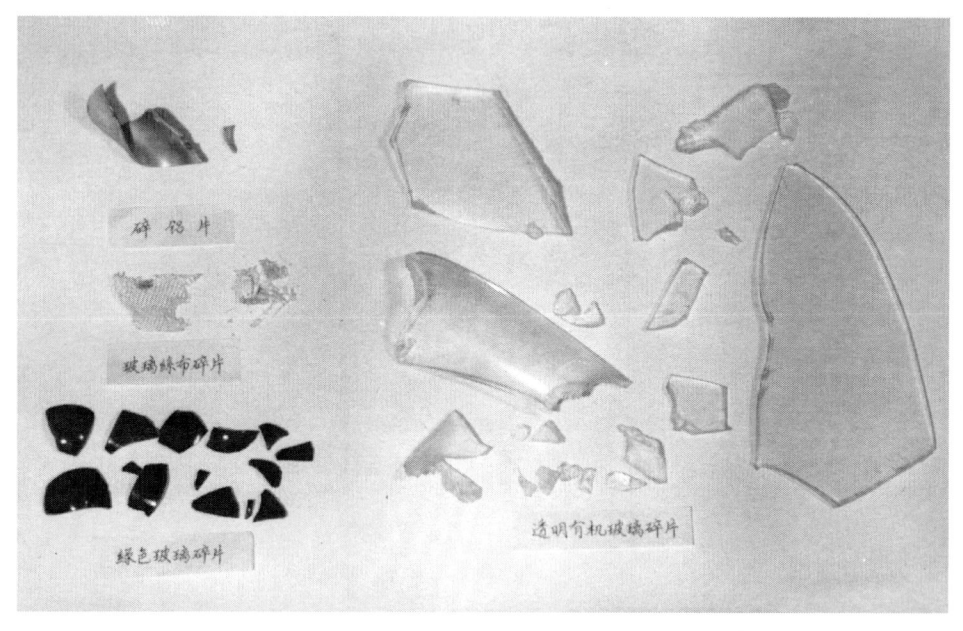

從256號三叉戟飛機右翼碰下的碎片。

再版前言

　　林彪事件的書籍所以能夠在市場上長盛不衰，引起人們的強烈關注，首先還是這一事件本身的突發性和神祕性。「九·一三」事件堪稱是20世紀亞洲最大的歷史謎團。林彪與毛澤東為什麼會從「親密戰友」反目為勢不兩立的仇讎？上了黨章的法定「接班人」為什麼還要搶班奪權？「九·一三」之夜林彪一家子為什麼會突然叛逃蘇聯？林彪乘坐的256號三叉戟飛機為什麼會墜毀外蒙大漠？這些問題，自「九·一三」之後，一直持續不斷地撩撥著人們的好奇心。

　　這些年來，經過眾多研究者的努力，許多事情基本理出了眉目，但還有些事情仍然是一頭霧水，尤其是研究的史源條件比較匱乏。迄今為止，官方公布的林彪事件材料還是非常有限的，大量的第一手材料還沒有解密。許多關鍵性的材料現在還封存在中、蒙、俄的國家檔案館裡。研究領域的不開放，這實在是作繭自縛之舉。由於檔案資料的封閉，從根本上限制了林彪問題研究工作的深入，史家一般不願意去涉及這個領域，大部分作品還仍然是變相的紀實文學和口述回憶作品，「合理想像」的人為色彩很重，各種流言謠傳不斷，混淆視聽，徒添混亂。實踐證明，開放檔案給學界研究，是弄清問題的不二法門。那些編造出來的謠言，拼湊出來的偽作，都可以其怪自消。當然，即使檔案資料都公布了，也還是會留有很多空白，一些事情可能是永遠也搞不清楚的了。這或許正是歷史的殘缺美──留給後人一個想像的空間，讓諸位方家從不同角度對它進行破解，利用多學科知識重新建構歷史現場。

　　另一方面，當前林彪事件的研究面相還是相當雜亂的：海內外有關林彪的出版物魚龍混雜，研究水平參差不齊，雖有些嚴肅的學

術著作，但更多的是東拼西湊的稗販之作，以文亂史的現象非常嚴重。有的所謂林彪研究專家，實際不過是真假摻半的紀實文學作家，有的只是編寫「爆料」的商業寫手。網路上更是五花八門，充斥了各種來源不明的虛假消息，甚至還有人有意編造故事、偽造史料。在海外和網路上流傳的所謂《林彪日記》，純屬是故意製造噱頭的「標題黨」。對「文革」歷史略有瞭解的人都清楚，林彪根本沒有寫日記的習慣。如果真的有日記，在清查林彪「罪行」時早就披露出來了，早就選出幾條提供給全黨當批判材料用了，哪裡還能留待現在才「爆料」的。現在人們所知的有關林彪私人記錄的材料，有葉群記的工作筆記，有林彪讀書的批語，有讓工作人員隨時記下的思想靈感，有條幅、題詞等等，就是沒有過「日記」之說。但現在的許多年輕人對「文革」的歷史已經不清楚了，往往會把這些無據無憑的虛假東西信以為真，吃了這些造假者們的噱頭。

　　特別需要指出的是，在林彪事件的問題上，長期存在一股翻案風，也影響到學界的研究。筆者並不一概否定「翻案」文章，只要持之有據，言之成理，是可以作為研究歷史的反證來看。但是，以主題先行的價值立場來研究問題，對史家來說是很危險的。史家如果不是以廓清歷史真相為職志，而是出於其他目的，給研究預設價值立場，勢必會為自己的主觀動機所掣肘，影響實事求是的客觀研究，容易遷就偏好，亂了方寸，用證據，做判斷，都難以公允。所以，歷來專事做翻案文章的學者，很少有立得住的。至於那些別有用心，藉研究林彪為名，行撈取名利之實，妄言欺世，虛張聲勢，為了證明自己觀點而有意曲解史料，甚至編造史料，這就不是學養不足，缺乏識力的問題，而是學品惡劣的道德問題了。這些人等是不能以學界人士論之的，筆者稱之是惡搞林彪之類。凡屬這類人等，頭腦中沒有絲毫的學術公器意識，卻保持了「文革」的「兩條路線鬥爭」思維模式的典型特徵，即按照「擁林」和「非林」劃線排隊，把「擁林」說成是民間立場的正確路線，「非林」說成是官

方立場的錯誤路線。這是以學術的名義來搞政治。實際上，在這些人身上，最缺乏的恰恰是民主的自由主義精神。有一些人甚至偽造史料，編造情節，故布疑陣，來為林彪翻案作鼓噪。因為可以舉證的東西實在不多，證據缺乏，知識不足，經不起質疑，也害怕質疑，所以也就不容置疑，動輒使用「文革」大批判的暴力語言辱罵攻擊，文風惡濁，態度蠻橫，強詞奪理。活脫脫地就是從「文革」走來的一彪人馬——紅衛兵「衛彪戰鬥隊」是也！可見「文革」遺風影響深遠，不僅影響了一些缺乏「文革」經歷的年輕人，包括已經移民國外的某些人，也都是在劫難逃的。

其實關於對林彪出逃問題的質疑，大都是一些老問題，如「林彪被綁架說」、「林彪身邊安置內線說」、「中方空軍擊傷說」、「蘇蒙聯軍擊落說」、「飛機上發生搏鬥說」等等舊說，都是經不起推敲的假說。雖然這些年來也沒有見得提出了什麼新證據，做翻案文章的幾位，無非是翻來覆去地在這幾個假說上煽風點火，不斷地添加上捕風捉影的新花絮，但卻是一再地顛倒眾生。這裡面的社會心理的意義要遠遠大於歷史學的意義。就這個問題本身，也是可以做一個研究課題的。

眾所周知，以不容置疑的態度對待學術，除了製造偏見之外，提供不出有益的知識積累。學術的發展，民智的開啟，需要營造民主的平等的探討問題的學風。在一個公開、平等、民主、包容、開放的學術平台上，真假是非難能逃過大家的法眼，許多問題是不辯自明的。而要搭建一個民主討論的學術平台，促進學術的健康發展，學術史的梳理是必不可少的。對林彪事件的研究而言，追源溯流，明確問題，清除泡沫，去偽存真，更有其現實的重要性。

林彪是中國現代史上最為複雜的歷史人物。新中國的開國元勛和叛黨叛國的「副統帥」，擁護毛澤東的最「親密戰友」和謀害毛澤東的「罪魁禍首」，製造毛澤東迷信的第一推手和反毛陰謀集團

的頭子，「萬歲不離口」的公共形象和隱祕複雜的內心世界......，都繫於林彪一人之身。對於林彪言行不一，表裡不一，反差極大的兩面人格，需要確定公共的價值評價標準，分清私德與公德、大行與小惠、細故與原則、個人利益、派系利益與公共利益的關係，以國家、民族和人民的利益為價值尺度，才能做出正確的歷史評價。無論是從傳統政治的忠義標準，還是從現代政治的民主標準，林彪所行的都是不可取法的曲意逢迎之道。然而在這個問題上，一些人的認識是相當混亂的。甚至有「古往今來，林彪是中華第一大英雄」的妄語。所以，對林彪問題的研究，還有著建立正確的價值標準和道德標準的文化意義。

　　鑒於在林彪研究上的這些問題，再版前言是需要進行回答的，但這個回答又不是簡單的三言兩語能夠說清楚的。筆者認為，探討「九·一三」事件的成因，首先要在弄清楚基本史實的基礎上，把林彪還原為一個真實的歷史人物，再進而分析解讀其思想行為邏輯。所以，筆者不得不再作馮婦，重操舊業，繼續追蹤研究，收集整理了這些年來新的研究成果，採訪了一些當事人，重新整理了林彪事件的新舊資料，得出了一些新的認識和解釋邏輯。這些工作的主要成果部分是三篇學術報告：第一篇是對30年來關於林彪事件研究的學術史回顧。主要從觀點流變、版本質量、存史價值等角度，對這些年來海內外關於林彪事件研究的成果進行了梳理，理出了一個關於林彪事件研究發展的基本線索。在梳理過程中，確實也發現了有編造假史料愚人騙財的別有用心者。第二篇是關於林彪和林彪事件的研究報告。該文根據新的史料，從宏觀和微觀結合角度，考察了林彪與毛澤東的關係演變以及在「文革」中激變，進而探討了林彪的兩面人格對他的政治行為及其對家庭影響，在台前幕後的各種複雜原因中，理出了一條「九·一三」事件發生的基本理路。第三篇是編寫了一個較為詳細的「九·一三」事件的大事記，以彌補學界在研究林彪事件問題上的這一空白，提供社會各界研究

問題的史實基礎。這幾篇文章表述了筆者對林彪事件研究的一些新認識。但是，這幾篇文章的字數，已經遠遠超過了這本小書的字數，作為前言部分的分量就顯然有些大了，只得另外結集再出一本書了。本書就不再做大的改動了，僅就部分標題、一些表述語言和明顯錯訛之處做些修訂，以保持原有版本簡明通俗的風格。

　　總之，林彪事件的發生是非常複雜的，研究林彪事件是一件很有挑戰性的學術工作——不僅要看到事件本身禍起蕭牆的突發性和神祕性，更要看到其偶然性中的必然性；不僅要看到「文革」的特殊政治背景，還要看到政治體制的深層次原因；不僅要看到「文革」司令部中的矛盾，也要看到林彪性格的複雜性和林家成員內部的複雜關係⋯⋯。這就需要學界的共同努力，破除神鬼史觀的影響，發揚小心求證的科學精神，在復原事實的基礎上不斷推進研究的深入。

1971年9月13日凌晨一點五十五分，忙碌了一天「鬥、批、改」的中國人大都進入了夢鄉，在睡夢中為被階級鬥爭折騰疲憊的心靈祈禱安寧。正在這時，一架噴氣式飛機悄然越過中蒙邊境，從中國的雷達監視螢幕上消失在茫茫的夜幕裡。半個小時以後，在蒙古人民共和國（現為蒙古國）肯特省省會溫都爾汗西北七十公里處，響起了巨大的爆炸聲。飛機墜落時的爆炸，燒燃了荒野上高不及膝的茅草，引起草原大火，照亮了半個天空，機上九名人員無一生還。

　　不久，一個舉世震驚的消息傳開了，搭乘這架飛機出逃的，竟是中國共產黨中央委員會的副主席、列入「九大」黨章，「一貫高舉毛澤東思想偉大紅旗」、「毛主席的親密戰友和接班人」的林彪。同行的還有他的妻子，政治局委員葉群、他的兒子，空軍作戰部副部長林立果等。中共中央於9月18日正式通知：「林彪一夥企圖謀害毛澤東主席，陰謀敗露後，倉皇出逃，機毀人亡。」「文化大革命」的那幾年，人們太熟悉這位「副統帥」了，每天都要例行地敬祝他「身體永遠健康」，背誦他「活學活用」毛澤東思想「立竿見影」的警句。林彪事件的突發，不僅使億萬中國人陷入驚愕、憤怒、困惑不解的巨大疑團之中，而且也引起了外界種種猜測，被外電稱為二十世紀「最大的謎團之一」。偉大領袖毛主席親自選定的接班人竟要謀害毛主席，毛澤東思想紅旗舉得最高的「好學生」竟走上了叛國之路，這本身就是不能自圓其說的巨大矛盾所在。在社會上流傳著許多與中國官方不同的各種說法，更給林彪事件增添了撲朔迷離的神祕色彩。有的稱林彪的飛機是被中國軍隊的導彈擊落的，有的稱林彪的飛機上早就被毛澤東、周恩來裝上了定時炸彈，還有的稱飛機上曾經發生了搏鬥。這些流傳的種種臆想之說，已被披露出來的越來越多的史實證明是偽說。但事件本身所引發的思考，卻是意味深長的。

林彪是在中國革命戰爭中成長起來的軍事將領，為中國革命曾立下過顯赫的功勛。他是怎樣走上副統帥的寶座，成為毛澤東親自選定的接班人？又為什麼要謀害他吹捧最力、跟隨最緊的「偉大領袖」毛澤東？他的陰謀是怎樣敗露的？他為什麼要叛國出逃，落到身敗名裂的如此下場？這一連串的問號，構成了那個荒唐歲月中出現的耐人尋味的「林彪現象」。

一、走上神壇的林彪

毛澤東、林彪一同出場。

從士兵到元帥

　　林彪1907年12月5日出生在湖北黃岡縣林家大灣，原名叫林育蓉。林彪從小就受到堂兄、中國共產黨著名活動家林育英、林育南（張浩）的影響。18歲進入黃埔軍校學習。後分到葉挺獨立團任見習排長，參加北伐戰爭。

　　大革命失敗後，已任連長的林彪隨部隊參加了南昌起義。南昌起義失敗後，林彪在朱德的率領下參加了湘南起義。1928年朱德、毛澤東井岡山會師後，林彪升任營長，不久又接任紅四軍主力團28團團長。在毛澤東指揮的井岡山反「圍剿」戰鬥中，林彪顯露傑出的軍事才華，得到了毛澤東的青睞。毛澤東對他非常器重，多有提攜。1930年2月，23歲的林彪升任紅四軍軍長。1932年，林彪又出任紅一方面軍紅一軍團軍團長。林彪在紅軍歷次反「圍剿」戰役中，指揮機動，果斷勇猛，屢立戰功，尤其以擅長運動戰著稱，是威名赫赫的紅軍青年將領。特別在第四次反「圍剿」的黃陂、草台崗戰役中，林彪作為主要指揮員之一，指揮紅軍殲滅蔣介石嫡系部隊陳誠部三個師，聲名大振。但在第五次反「圍剿」中，林彪擅於組織大兵團運動作戰的才能沒有發揮出來。他似乎贊同當時「左」傾路線在中共中央的軍事保守主義戰略，還寫了〈論短促出擊〉的文章。在長征途中，林彪率領的紅一軍團和彭德懷率領的紅三軍團互為犄角，斬關奪隘，為紅軍勝利到達陝北立下了汗馬功勞。在陝北，毛澤東指派林彪任中國工農紅軍大學校長。1937年春，紅軍大學改為中國人民抗日軍政大學，林彪仍任校長。

　　抗日戰爭爆發後，林彪任八路軍115師師長，率部出師抗日。1937年9月，林彪指揮115師首役平型關，殲滅日寇板垣師團21旅團一部一千餘人。一時，林彪成為全國傳誦稱讚的抗日英雄。

1938年3月，林彪誤遭閻錫山部士兵槍擊，身負重傷。這是林彪戎馬一生中唯一的重傷，但傷及了中樞神經，對他以後的身體狀況影響甚大。

1938年底，中央送他到蘇聯治療槍傷，史達林對這位來自中共的青年將領禮遇有加。林彪在休養期間潛心研究軍事理論，頗有心得。1942年，林彪回到延安。毛澤東、朱德以兄長的慈愛關懷這位剛與前妻離異的小老弟。在他們的關心下，林彪不久與抗大一個名叫葉群的女生結成伴侶。這時正值皖南事件發生，國共關係緊張，林彪奉命協助周恩來於1942年10月去重慶和國民黨談判。1943年林彪返抵延安，參加了延安整風運動。1945年在黨的第七次全國代表大會上，以較高票數當選為中共中央委員。

第三次中國革命戰爭中，林彪的軍事才能得到了最大的發揮。抗戰勝利後，國共雙方圍繞著搶占東北戰略基地，展開了空前激烈的戰鬥。中共派出主力10萬人搶先進入東北，毛澤東指派林彪統一指揮東北部隊，抵禦國民黨軍的進攻。經過一系列血戰，中共在東北站穩了陣腳，擴大了部隊，建立了鞏固的根據地，並使國民黨軍處於被動挨打的局面。林彪成為東北黨政軍第一把交椅，統帥東北野戰軍百萬雄師。1948年10月，在中央軍委統一部署和指揮下，東北野戰軍發起遼瀋戰役，全殲東北國民黨軍47萬人。隨後東北野戰軍又揮師迅速入關，林彪與羅榮桓、聶榮臻等一起指揮了平津戰役，消滅華北國民黨軍52萬人。渡江戰役後，林彪率第四野戰軍南下，直進湖南湖北，插入廣東廣西，殲滅頑抗的白崇禧部桂系主力，揮師橫掃殘敵，一直打到海南島。在這些戰役中，作為第四野戰軍最高軍事首長的林彪，戰績輝煌，一時無出其右。在1955年，中國人民解放軍首次授銜時，48歲的林彪被授予元帥軍銜，位居十大元帥之三，僅次於朱德、彭德懷。

走上政治前台

　　中華人民共和國建立後，林彪一直養病，深居簡出，很少與人來往和參加國務活動。

　　1954年，中蘇友好協會成立，毛澤東讓林彪擔任協會主席一職，林彪也只是掛個名，很少過問協會裡的事務。

　　林彪有病也是事實。抗戰初期那次傷及中樞神經的槍傷和緊張的戰爭生涯，對他的身體損傷很大。海南島戰役之後，中央鑒於林彪健康情況不好，送他到蘇聯去治療休養。但治療效果並不大，特別是神經系統問題多。他怕光、怕風、怕水、怕聲音，動輒出汗，見風感冒，見水拉稀。即使在授予十大元帥軍銜和勳章典禮的喜慶日子，林彪也是神情萎靡，鬱鬱寡歡。

　　毛澤東對林彪的病情十分關心，1953年，毛澤東指示總後衛生部部長傅連暲偕同專家會診，為林彪檢查身體。傅請來北京、上海、天津等地的名醫，給林彪做了全面檢查和會診，沒有發現林彪身體上有嚴重的器質性病變，許多病的症狀都是與神經系統有關。他建議林彪多做戶外運動，多吃蔬菜水果，並暗示葉群節制性生活。傅如實地把會診結果彙報給了毛澤東和中央，林彪、葉群忌諱說他有神經系統的病，對傅非常不滿。在「文化大革命」中，傅被迫害致死，「迫害林副主席」是他的主要罪狀之一。

　　毛澤東為了鼓勵林彪，特地手書曹操的詩《龜雖壽》贈與林彪。「老驥伏櫪，志在千里；烈士暮年，壯心不已。」曹操大氣磅礴的名篇，加上毛澤東酣暢淋漓的草書，表達了毛澤東希望林彪振作精神，克服疾病，再有所作為的拳拳之心。

　　林彪雖然有病在身，但並不像外界傳言的那樣嚴重，沒有器質性的毛病。林彪性情陰鬱，猜忌多疑，心病大於身病。中共建國初

有兩件事對他的心病影響很大。

　　1950年，在中共中央決定抗美援朝出兵問題上，林彪內心不願意捲入朝鮮戰爭，對與美軍作戰沒把握，推說有病，婉拒了毛澤東要他擔任志願軍司令員率兵出征的重託。而後彭德懷意氣干雲，毅然掛帥出征，使毛澤東頗生感慨。毛澤東曾說：「給林彪發轉業費，讓彭德懷管國防部。」

　　1953年在高崗事件上，高崗進京後擔任位置十分重要的國家計委主席。他趁黨和國家領導機構將進行大幅度調整，人事將有新的安排之際，四處活動，大搞幕後交易，在黨內拉選票，在會議上發難，攻擊劉少奇、周恩來等人，散布「紅區黨」和「白區黨」的輿論，造成一場黨內風波。高崗在東北局工作時就和林彪關係密切，到京後又和林彪扯在一起。心高氣傲的林彪對高崗頗為欣賞，他說：「高崗政治能力很強，將來是黨內了不起的人物。」高崗1953年10月到杭州，與林彪商量中央人選名單。他主張由林彪出任相當於政府總理的部長會議主席。11月底，林彪交給高崗妻子一封信，要她親自交給高崗。毛澤東察覺到高崗的一些活動，並派陳雲去做林彪的工作，要他注意高崗。不久，高崗問題暴露，中央對他進行了嚴肅的鬥爭。高崗拒絕認錯，以自殺相對抗。林彪慶幸自己沒有陷進這場政治漩渦之中，對毛澤東的政治鬥爭權術感觸良多，在政治上更加工於心計。直到1962年，葉群還對高崗妻子說，那封信是林彪批評高崗搞地下活動的。這一「此地無銀三百兩」的掩飾，正說明高崗事件對林彪的心理影響之大。

　　1956年9月，中共八屆一中全會上，林彪當選為政治局委員。

　　毛澤東對林彪這位愛將還是厚愛的。1957年夏，毛澤東到上海視察，專程探望了在這裡養病的林彪。林彪感受到了毛澤東的關心和信任，心情十分高興。

　　1958年5月，在中共八屆五中全會上，毛澤東提議由林彪任中

共中央副主席，政治局常委，位居毛劉周朱陳之後。林彪在會上特別興奮，病容全無，精神煥發。這似乎表明林彪已經走出了高崗事件的政治陰影。

1958年5月召開的軍委擴大會議，最初的會議主題是整風和整編。林彪敏銳地抓住了反教條主義的問題，報告給毛澤東，最後確定以反教條主義為會議的主題。在這次會議上，劉伯承、蕭克、李達等一批將帥被認為犯了教條主義的錯，被點名批判。

1959年的廬山會議，是林彪從養病閒居走到政治前台的轉折點。

1959年7月，中共中央政治局在廬山召開擴大會議，主題是總結大躍進的經驗，糾正已經覺察到的一些「左」的錯誤。林彪推病，沒準備參加會議。

廬山會議在對大躍進經驗教訓的認識上，產生了很大的分歧。耿直的彭德懷尖銳、激烈地批評了經濟建設中的「左」傾錯誤，並在7月14日給毛澤東寫了一封信，陳述自己的意見。毛澤東為信中「小資產階級狂熱病」等詞句深深地刺痛了，毛澤東動了肝火，他要反擊，既是為了維護「三面紅旗」，也是為了維護自己的領袖尊嚴。

毛澤東把彭德懷的信冠以「彭德懷同志的意見書」，印發大會，讓大家「評論這封信的性質」。7月23日上午，毛澤東在大會上談話，鋒芒尖銳地逐條批駁了彭德懷信中的觀點，並說：「解放軍不跟我走，我就找紅軍去。」，「始作俑者，其無後乎。我無後乎！」情緒極為激動。毛澤東談話後，廬山會議風向立轉，開始批彭反右。

毛澤東電召林彪等人上廬山參加會議。7月29日，林彪上了廬山。林彪在北京就得知廬山上發生的事情，清楚毛澤東召他上山的

意思，上山後口稱「援兵」，對彭德懷的批判刀刀見血。

8月1日，毛澤東主持政治局常委會。朱德首先發言，態度溫和，立即被毛澤東斥為「隔靴搔癢」。林彪接著發言，聲色俱厲地說：「彭德懷是野心家、陰謀家、偽君子、馮玉祥式的人物。在中國，只有毛主席是大英雄，誰也不要想當英雄。」林彪迎合毛澤東，一筆筆地算起彭德懷的歷史舊帳。林彪的發言為會議狠批彭德懷定下了政治的基調。在以後的會議上，林彪繼續攻擊彭德懷「野心很大」、「非常囂張」、「打著反對小資產階級狂熱性的旗幟向黨進攻，向毛主席進攻」，是「我們黨裡面的一個隱患」。彭德懷百口莫辯。

在早已超過信件本身的一片批判責難聲中，彭德懷只好違心地承認「錯誤」，表示：不自殺，不當反革命，可以回家種田，自食其力。

在隨後召開的中共八屆八中全會上，把對彭德懷的批判上升到路線鬥爭的新高度，說彭「一貫反對毛主席」，並揭批莫須有的彭德懷「軍事俱樂部」問題，性質越來越嚴重。主持軍委日常工作的國防部長彭德懷、總參謀長黃克誠、外交部常務副部長張聞天、湖南省委第一書記周小舟等人，被打成「反黨集團」。此後，中國轉入了蹇乖多難的年代。

廬山會議後，林彪接替彭德懷的國防部長職務，並主持軍委日常工作。扶搖直上的林彪，一改建國以後的消沉，在中國的政治舞台上又大顯身手了。

「高舉」和「緊跟」

　　林彪經過幾年養病的「韜晦」，觀測研究黨內的政治風向變化，揣摩毛澤東的心理，對權謀之術頗有心得。毛澤東在中國革命中形成了至高無上的威望，在黨內有不容置疑的領導核心地位。林彪最為關注的政治問題，就是如何投其所好，並把「大擁、大順作為總訣」，視為「得一人而得天下」的大竅門所在。

　　林彪主持軍委工作之後，更加注意地觀察分析毛澤東的思想動向和一舉一動，以高舉毛澤東思想偉大紅旗的面目出現，擺出「緊跟」的姿態，以如何獲得毛澤東的信任來決定他的言行。

　　從1960年到1964年，林彪閱讀了大量的書籍（包括請人講課和為他摘抄中外名人的語錄）。他讀了許多歷史方面的書籍，像是中外歷史書、各朝代的演義、軍閥混戰資料、文史資料，以及歷代開國皇帝和一些政治人物的傳記，對曾國藩、袁世凱、張作霖、胡宗南、戴笠等做過研究。他請專人講授歷史上政治梟雄們的權謀、馭下與奉上的手腕、成敗得失的經驗教訓，讓人替他摘錄了不少學習卡片。林彪對學習政治權謀很有興趣，他和葉群還記了一些筆記。

　　林彪讀書的著眼處，不是從古今中外的歷史中汲取正確的治國之道，而是醉心於政治的權謀之術。想的是如何取悅於毛澤東，以知識來提高政治投機的謀算，實現他個人的政治目的。

　　在他散記的批註心得中，可以窺見林彪在極力對毛澤東歌功頌德背後的內心世界。摘取幾例：

　　他先為你捏造一個「你的」意見，然後他來駁你的意見。並無，而捏造——老東（按：指毛澤東）的慣用手法，今後當注意他這一著。

毛,應照顧他,使他沒有小幫幫的必要,他就不小幫幫了。政治上對其每一創舉與功績公道主動地指出來,則他自無鋒芒的必要。

你先說了東,他就偏說西。故當聽他先說才可一致。

他自我崇拜,自我迷信,崇拜自己,功為己,過為人。堅持「左」傾高姿態。

在葉群的筆記中,有對付毛澤東的「應兌(對)法」一項。內有:

面帶三分笑。

　三要:要響應、要表揚、要報好消息。

抓一號(指毛澤東)活思想。

抓苗頭,把他想辦的事列入議事日程上。

從他那裡來(其要求),到他(向他報告)那裡去。

從這些記載時間不一、閃爍其詞、斷斷續續的小註、眉批、筆記中,隱約而又清晰可見林彪夫婦熱中權謀、工於心計、曲意逢君、阿諛取容的幽暗心理。抱有這種取悅於上的投機心理,在大是大非面前的口是心非,在重大政治原則上的言不由衷,必然會造成誤黨禍國的後果。

林彪一接手軍委工作,就在神化領袖、製造個人迷信和個人崇拜上大做文章。

1959年9月,林彪在軍委擴大會議上別出心裁地宣揚:「我們學習馬克思列寧主義怎樣學呢?我向同志們提議,主要是學習毛澤東同志的著作。這是學習馬列主義的捷徑。毛澤東同志全面地、創造性地發展了馬克思列寧主義,綜合了前人的成果,加上了新的內容。我們學習毛澤東同志的著作容易學,學了馬上可以用。這是一本萬利的事情。」

1960年的軍委擴大會議上,林彪進而又提出了「頂峰論」。

他說：「現代的馬列主義是什麼？就是我們毛主席的思想。他今天在世界上是站在最高峰，站在現時代思想的最頂峰。」

林彪發明了「背警句」、「帶著問題學」的學習毛澤東思想這一套實用主義的方法。

林彪在軍委擴大會議上提出：「毛主席有許多警句要把它背下來，恩格斯主張不要死背，但是我主張就是要背一點東西」，「肚子裡就是要背得那麼幾條」。

林彪還親自下基層部隊宣傳他那一套，說：「帶著問題學習毛澤東同志的著作，這種方法是有的放矢。部隊學理論就是要有什麼問題學什麼，需要什麼學什麼。」

1961年1月，林彪在《關於加強政治思想工作的指示》中明確提出，學習毛澤東著作，「要帶著問題學，活學活用，學用結合，急用先學，立竿見影，在『用』字上狠下工夫」。這就是後來被稱道的「三十字方針」。

林彪還指示《解放軍報》要逐日在報頭刊登毛澤東語錄。從1961年5月1日起，《解放軍報》每天根據版面內容，在報頭上刊登毛澤東語錄。到1964年，解放軍總政治部根據林彪的授意，又將毛澤東語錄彙編成冊，編輯出版了《毛主席語錄》，發給全軍官兵，掀起學「語錄」的熱潮。到「文革」時，《毛主席語錄》成為全國上下人人必備的「紅寶書」。

在部隊建設上，林彪搞了一套突出政治的新東西。1960年，林彪把毛澤東在延安為抗大兩次題寫的校訓，「堅定正確的政治方向、艱苦樸素的工作作風、靈活機動的戰略戰術」和「團結、緊張、嚴肅、活潑」，按照他「串數字」的習慣，發揮成「三八作風」（三句話，八個字），作為全軍部隊革命化的標準。

對於如何加強部隊的政治思想工作，林彪發明了「四個第一」，即「人的因素第一、政治工作第一、思想工作第一、活的思想第一」。在1960年9月軍委擴大會議通過的「決議」中，把「四個第一」作為「軍隊建設的方向」，是林彪「創造性地運用毛澤東思想的典範」。林彪還提出「讀毛主席的書，聽毛主席的話，照毛主席的指示辦事，做毛主席的好戰士」的口號。在林彪的提倡下，全軍開展了「四好連隊」、「五好戰士」的運動。

　　這些形式主義標新立異地「突出政治」的一套做法，在全軍上下風風火火地推行開來，令中共全黨、全國耳目一新。林彪「突出政治」的做法，得到了中共中央的肯定，受到毛澤東的讚揚，從部隊推向全國，對1960年代左傾路線的惡性發展產生了重大影響。

　　毛澤東在1960年代初對大多數的中共中央領導人都有所批評，獨對林彪褒讚有加。1961年6月，毛澤東在一次會議上表揚林彪說：「最近林彪同志下連隊做調查研究，了解到很多情況，發現了我們部隊建設中一些重要問題，提出了幾個很好的部隊建設措施。」

　　1963年2月，毛澤東在聽取中印邊境反擊戰彙報時說：「看來我們的軍隊還是要抓政治工作，抓四個第一，抓三大民主，加強薄弱環節，搞好黨的建設。」

　　1963年11月16日，毛澤東在給林彪等人的信中，又一次高度評價了林彪的做法，「自從林彪同志提出四個第一、三八作風之後，軍隊的軍事、政治工作都有一個新的發展，軍隊政治工作就更加理論化，也更加具體化了」。

　　林彪所搞的「突出政治」，違背黨一貫倡導的實事求是的路線，專以取得毛澤東的信任為目的，是現代造神運動的濫觴。當他把領袖製造成神時，他也就是最最忠誠的護衛天將了。「螞蟻叮住

鷺鴦腳，你上天來我上天」。在他竭力製造對毛澤東的個人崇拜中，「突出政治」既是他迎合毛澤東的手段，又是他製造出來，從事權力鬥爭的棍子，一切不順從他的人，他都可以用這根棍子無情地橫掃之。

在1962年1月的七千人大會上，林彪的發言，又一次使毛澤東感到了林彪的忠誠。

七千人大會是針對「大躍進」帶來的嚴重困難，總結經驗教訓，統一全黨認識的會議。這是個史稱「白天出氣，晚上看戲」的發揚民主的會議。

毛澤東在會上做了自我批評，他說：「凡是中央犯的錯誤，直接的歸我負責，間接的我也有分，因為我是中央主席。」

劉少奇的談話，分析了幾年來的主要缺點錯誤，提出了兩個「三七開」的觀點。即：總地來講，成績是七，錯誤是三。但有些地方則是三七顛倒。這對廬山會議後，黨內不敢坦言錯誤的風氣是個突破。同時，也引起毛澤東的不快。

朱德、周恩來、鄧小平等，都在會議上檢討了黨內生活和工作中的問題。在毛澤東等中共中央領導的帶動下，各省市主要領導紛紛做了自我批評。

林彪洞悉毛澤東此時的心理，挺身為毛解圍，撇開軍委辦公廳為他準備的談話稿，親自擬定了提綱，在會上做了長篇的發言。他的發言和整個大會的氣氛很不協調。林彪說：現在這些困難，「恰恰是由於沒有照著毛主席的指示、毛主席的警告、毛主席的思想去做」。「當時和事後都證明，毛主席的思想總是正確的。」「我們的工作搞得好的時候，正是毛主席的思想不受干擾的時候。如果毛主席的意見不受尊重，受到干擾時，就會出毛病。幾十年的歷史，就是這個歷史。」

毛澤東當即對林彪的談話稱讚「講得好」，要他整理後，「發給黨內幹部學習」，親自批示：「這是一篇很好的很有分量的文章，看了令人大為高興。」

　　林彪處處揣摩毛澤東的心理行事，得到毛澤東的極大信任。毛澤東在1965年2月的一次談話中，再次讚揚林彪的做法。他說：「四個第一好。我們從前也未想到四個第一，這是個創造。誰說我們中國人沒有發明創造？四個第一就是創造。我們從前是靠解放軍，以後仍然要靠解放軍。」聯想到廬山會議上，毛澤東尖銳地提出解放軍跟誰走的問題，再聯繫到毛澤東對中央其他領導人越來越不滿的情緒，表明毛澤東已經擺脫了過去擔憂軍隊出問題的陰影，要倚重軍隊做中國的政壇支柱。主持軍隊工作的林彪，理所當然地成為了貫徹毛澤東政治路線的護法尊神，政治分量越來越重。

　　毛澤東發出「全國學習解放軍」的指示。1964年2月1日，《人民日報》發表社論〈全國都要學習解放軍〉，號召全國人民學習解放軍的「四個第一」、「三八作風」，更加無產階級化。

　　林彪正是在黨內民主毀廢、個人崇拜、個人迷信、個人專斷風氣日益嚴重的情況下，迎合毛澤東的錯誤，大搞領袖神化，在全黨、全軍中製造出了「高舉」、「緊跟」的形象，成為中國政壇上光耀炫目的「一面政治旗幟」。

黨內鬥爭的「大贏家」

　　林彪主持軍委工作之後，一方面做出「高舉毛澤東思想偉大紅旗」的姿態，竭力製造對領袖的個人迷信，獲得領袖的信任；另一方面處心積慮地拉山頭，排異己，培植自己的派系勢力。

1958年，中共中央以反對教條主義為主題，召開了軍委擴大會議。這個會議是經過毛澤東批准的，林彪起了煽風點火的作用。會議用鳴放的方式，對主持軍隊訓練和院校工作的劉伯承元帥、蕭克上將、李達上將、粟裕大將等進行了點名批評，並上綱為「與黨相對抗的資產階級軍事路線」的高度。林彪在毛澤東點名批評劉伯承、蕭克時，藉機把批評的矛頭指向朱德和葉劍英。由於各種因素，會後，劉伯承被免去高等軍事學院院長兼政委的職務，葉劍英被解除主管全軍軍事訓練和院校的工作，粟裕被免去總參謀長職務，蕭克、李達被免去國防部副部長職務，調離部隊。鄧小平在1980年說：「那次反教條主義是錯誤的。」

　　1959年的軍委擴大會議，是廬山會議的延伸，以揭批彭德懷、黃克誠的資產階級軍事路線，和追查所謂「軍事俱樂部」為主題。林彪在會議上點名批判朱德，朱德被迫在會上做了長篇檢討。副總參謀長兼瀋陽軍區司令員鄧華上將、總後勤部部長洪學智上將、萬毅中將等，皆受牽連被揭發批判。

　　排在林彪之前的兩名元帥朱德、彭德懷或被打倒，或被迫檢討，德高望重的劉伯承元帥受到嚴厲批評，林彪在這兩次鬥爭中，都以「正確路線」的化身出現，在軍內的資望無人可及。

　　林彪在主持軍委工作中，把鼓吹個人崇拜放在首位。總政治部主任譚政大將因不同意他的某些說法做法，遭致林彪的嫉恨。林彪要推行「突出政治」的「左」傾路線，必然要把總政改造為聽命於他的工具。林彪指責總政關於部隊系統進行馬克思主義理論教育和系統學習科學文化的工作規劃「方向偏」，脫離「活學活用」毛澤東思想的實際，嚴厲地批評譚政。

　　在1960年的軍委擴大會議上，林彪提出他那著名的「四個第一」。會議「批譚糾偏」，揭發批判譚政反對新軍委領導，反對毛澤東思想的所謂「錯誤」。譚政被打成「反黨宗派集團」，受到降

級處分，之後又被趕出軍隊。「文革」後期，坐了九年監獄的譚政回到家裡，當有人問及為什麼坐牢，老將軍苦笑著答道：「不知道。」

1960年底，譚政被降為總政副主任，經毛澤東批准，羅榮桓元帥扶病重新出任總政主任。羅榮桓對林彪提倡的學習毛澤東思想的實用主義方針多次提出異議，反對庸俗化、教條化的學習。林彪對此耿耿於懷，多次表示對羅榮桓不滿。羅去世後，在「文化大革命」中，羅的遺孀林月琴遭到他們一夥的迫害。葉群還出面在1967年2月總政的一次會上，點名攻擊羅榮桓「反黨」、「反毛主席」。

林彪在軍隊長期有個小圈圈，就是他所說的「雙一」人物，即和他關係最深的紅一方面軍、紅一軍團出來的老部下們。主持軍委工作後，他著意培植自己的山頭勢力，在一些重要部門安置他所信賴的人。

1959年林彪一上台，就提名任命邱會作當總後勤部部長、總後黨委第一書記。1962年，林彪以加強海軍領導力量的理由，派李作鵬任海軍常務副司令員。1965年，空軍司令員劉亞樓剛逝世，林彪就先發制人，搶先提名吳法憲出任空軍司令員，唯恐賀龍等其他軍委副主席提名他人接手空軍的團隊。

經過幾年的經營，到1965年，林彪不僅在政治上大出風頭，得到了毛澤東和黨內、軍內許多人的信任，而且在組織上也形成了自己的班底，軍隊的各重要部門，海、陸、空各軍種都安置了他認為可靠的人。1960年代中期，林彪與總參謀長羅瑞卿大將關係緊張，認為羅與主持軍委日常工作的軍委副主席賀龍走得很近，不聽他的招呼了，懷疑羅有二心，決心要把羅拿下。

羅瑞卿是林彪的老部下。紅軍時代，羅瑞卿曾先後擔任過紅一軍團和紅一方面軍的保衛局長。抗戰時期，林彪任紅軍大學、抗日

軍政大學校長時，羅瑞卿擔任教育長、副校長。中共建國後，羅瑞卿任公安部長，對毛澤東等中央領導的安全工作出力甚勤，關係交厚。1959年廬山會議「反彭黃」之後，接任軍委工作的林彪向中央提名，要羅瑞卿回軍隊，任總參謀長。

羅瑞卿精力過人，工作有魄力、有能力。林彪也是看中了他這一點。林彪的身體承擔不了軍隊繁重的日常工作，需要羅瑞卿這樣能幹的人擔起大部分擔子來，同時他又擔心軍權旁落，需要羅瑞卿這樣嫡系的人來幫他把持門戶。所以，林彪任用羅瑞卿，是頂著一些不同意見的，而且一開始用就比較放心，比較放手。當時羅瑞卿身兼六個要職（軍委祕書長、總參謀長、國務院副總理、中央書記處書記、國防部副部長、國防工辦主任）。羅瑞卿與毛澤東、周恩來有著密切的關係，在工作上又有自己勤於任事的風格，工作作風強勢，樹大招風，與軍內的一些同志也發生了些工作上的矛盾，特別是與林彪的政治治軍路線有所衝突，這就讓林彪覺得羅上任之後變得不聽他的話了，疏遠了他，與其他山頭的人搞在一起，猜忌羅有二心，將帥關係越來越緊張，最後發展到非要把羅拿下，勢不兩立的地步。

起初一兩年，林彪說他與羅瑞卿合作得還比較好。後來，林彪發現羅瑞卿不大聽他的話了，逐漸對羅不滿，猜忌日甚一日，以至發展到非除之而後快的地步。

羅瑞卿任總參謀長不久，林彪就對他交代說：「我身體不好，你有事可以多向毛主席和軍委其他副主席彙報請示工作。」林彪主持軍委工作以後，禁不起繁重的工作壓力，在1962年下半年完成了調動部隊到福建的事情後就又病倒了。為了照顧林彪的身體，1963年9月，毛澤東提議，由軍委第二副主席賀龍主持中央軍委日常工作。在客觀上也造成了這樣一個現實：林彪身體差，不能多理事，又經常不在北京，所以，羅瑞卿有時就直接向毛澤東、周恩來

請示彙報工作，有時也直接去請示軍委主持日常工作的副主席賀龍。這也是毛澤東對羅瑞卿交代過的：「林總最近身體不好，可以請賀總多管一些軍隊的事。」羅瑞卿長期在毛澤東身邊工作，與林彪在歷史上也有密切關係，政治靠山強大，此時風頭正健，工作雷厲風行，許多事情認為是分內工作而自行處理了。這就使他周圍的關係搞得比較緊張，引起了一些將帥的不滿，對羅很有些「跋扈」的議論，有些意見也反映到了林彪那裡。羅瑞卿確實也有些事情處理得欠妥，比如軍隊高幹評級問題、軍隊取消軍銜的問題等等，都存在著與軍委第一副主席林彪事先溝通不夠的情況。林彪認為羅瑞卿越過他辦事，「晾」了他。儘管羅瑞卿曾多次向林彪彙報與解釋，但還是沒有能平息林彪的不滿。特別是林彪把這些工作上的摩擦與軍隊的山頭派系聯繫起來，更會有對羅要改換門庭的無端猜忌。有一次，他對羅瑞卿說：「我們的威信不夠吧？因為我們不是南昌起義的領導人。」這個「我們」話中酸溜溜的味道，明顯針對曾任南昌起義總指揮的賀龍而發，言外之意是羅瑞卿與賀龍走得太近了，要敲打敲打他。

林彪對羅瑞卿的猜忌和不滿，在1964年全軍大比武的練兵運動中更加嚴重了。羅瑞卿主持的全軍大比武搞得轟轟烈烈，毛澤東和其他黨及國家領導人觀摩了幾個軍區的比武彙報表演，給予高度評價，推動了全軍的練兵熱潮。大比武是賀龍、葉劍英領導與支持的，客觀上對林彪的空頭政治是個否定。林彪感到被冷落了，他在一張卡片上記下了對羅瑞卿的惱火，「大捧別人，大跟別人，回京後根本不見面。……讓他做絕」，「當作又一彭黃也」。

林彪對付大比武的武器是「突出政治」。1964年底，林彪接連發表兩次談話，批評大比武衝擊了政治。1964年12月29日林彪緊急召見總政領導人，提出「『四個第一』不落實的問題」，並說這是「帶有全軍性的問題」。他強調指出，軍事訓練「不應衝擊政治，相反，政治可以衝擊一切」。中共中央軍委把林彪的談話整理

成《林彪同志關於當前部隊工作的指示》，毛澤東批示，「完全同意，照此執行」。文件下發全軍，大比武停止。

羅瑞卿並非反對突出政治，只是作為實際工作者，他反對的是落實不到實際工作中去的空頭政治。他接受不了林彪對大比武的指責，認為「1964年軍事訓練工作是建國以來最好的一年」。對林彪「政治可以衝擊一切」，他說：「這裡是指必要的，不能亂衝一氣。」對林彪「壓一壓軍事訓練」，他說：「不要一下偏到這邊，一下又偏到那邊。」對林彪的「突出政治」，他說：「如果單純把政治搞好，別的都不好，垮下來，這種政治恐怕不能算政治好，是空頭政治，哪有這種政治！」林彪對羅瑞卿的這些話大為不滿，給他扣上反林和反對突出政治的帽子。

林彪對羅瑞卿猜忌的還有接班人的問題。1964年毛澤東提出培養接班人的問題，要求領導幹部「每個人都要準備接班人，還要有三線接班人」。羅瑞卿在就軍隊貫徹執行幹部新舊交替工作向林彪彙報時，講到有些老幹部應當主動「讓賢」，林彪認定是要他讓賢、讓權，羅有個人野心，已經不能替他把守門戶了，決意要把羅瑞卿搞掉。

1965年，林彪顯得特別焦躁。他批評羅瑞卿通氣不夠，並就通氣做了五條規定。羅瑞卿按規定前去彙報工作時，林彪常常以有病為由，推託不見。若羅有時直接去了，林彪又說對他搞突襲；若羅一段時間不去，林彪則說是封鎖他。羅如果在請示完毛澤東或其他軍委副主席再向林彙報，林彪就不滿地說：「既然請示過了，何必再問我？」若真拿一些問題請示他，林彪又說：「這點小事也來找我，不是存心折磨我這個病人嗎？」這是對羅瑞卿施加壓力，想使羅就範。林彪還經常說些莫名其妙的話，一次他曾對羅瑞卿說：「你們可以放心呀，我林彪就是犯了錯誤，也不會連累你們，連我的妻子兒女也不會連累。」這似乎表露出林彪對自己權力地位的擔

心與由此產生的緊張不安。

　　1965年，林彪與羅瑞卿的關係陷入低谷。林彪感到羅瑞卿不聽他的話了，倒向賀龍一邊，背叛了「紅雙一」山頭，不能再用他當總參謀長了。10月初，林彪在內部發話說：「1960年，羅瑞卿和我的合作是好的，但是從1961年起，便開始疏遠我、封鎖我，到1965年便正式反對我了。」遂在軍內蒐集反羅的資料。

　　10月25日，總參作戰部副部長雷英夫給林彪送去一份資料，附上一封信。信中說：「林副主席：最近期間，我多次想向你報告一件事，但因事關重大，未找到適當的機會，不便輕率。我覺得羅總長驕橫懶散，心懷不測，值得警惕。我這個感覺，是經過六年的觀察得出的。」

　　1965年5月，林彪手裡就有了海軍政治部主任張秀川等寫的「揭發」羅瑞卿的資料。11月27日，林彪給李作鵬打電話，要李作鵬寫一個近年來海軍兩種思想鬥爭的情況，要求在四個問題上寫明羅瑞卿的態度。李作鵬立即召集海軍副司令員王宏坤和張秀川，合作寫了七千多字的資料，誣衊羅瑞卿對海軍「懷有巨大的陰謀」，「有不可告人的目的」。

　　林彪、葉群提出了個「死無對證」的問題誣陷羅瑞卿，說空軍司令員劉亞樓病逝前，在羅瑞卿指使下，轉告葉群的四點意見：第一，一個人早晚要退出政治舞台，不以個人意志為轉移，不出也要出，林總將來也要退出政治舞台的；第二，要好好保護林總身體，這一點就靠你們了；第三，今後林總再不要多管軍隊的事情了，由他們管好了，軍隊什麼都有了，主要是落實的問題，不要再去管了；第四，一切交給羅去管，對他多尊重，要放手讓他們去管。林彪、葉群還指示吳法憲寫資料作證，讓吳法憲找劉亞樓的遺孀翟雲英，要她按葉群授意的內容，以劉病重時在場人的身分寫了假證。當然，如果這四個問題屬實，羅瑞卿就是公然伸手向黨要權，逼迫

林彪讓位，情節嚴重。問題的關鍵是死無對證。

1965年11月10日，姚文元《評新編歷史劇〈海瑞罷官〉》的文章在《文匯報》上發表，同日，中央又免去楊尚昆的中共中央辦公廳主任職務，由汪東興接替。林彪得知中央辦公廳主任楊尚昆出了問題後，11月下旬便開始了倒羅行動，向羅瑞卿發難。11月30日，林彪寫了一封親筆信給毛澤東，說有重要情況彙報，讓葉群先送資料，並做初步口頭報告。葉群到杭州見毛澤東，帶去李作鵬、雷英夫等人寫的十一份狀告羅瑞卿的資料，神神祕祕地彙報了六、七個小時。

毛澤東對「突出政治」情有獨鍾，聽信了林彪、葉群的告狀。他認為「羅的思想和我們有距離」，「要恢復林彪突出政治的原則」，「羅個人獨斷，羅是個野心家」。12月2日，他在一份資料上批示，「那些不相信突出政治的、對突出政治表示陽奉陰違，而自己另外散布一套折衷主義（即機會主義）的人們，大家應當有所警惕」。很明顯，這是指羅瑞卿。毛澤東對羅瑞卿應該是了解的，他同意林彪搞掉羅瑞卿，無疑是和他這時要發動「文化大革命」的政治思考有關。軍隊是毛澤東發動「文化大革命」的政治支柱，林、羅之間，他只能支持林彪。只有林彪掌軍，才能完全貫徹他的意志。

12月8日至15日，毛澤東在上海主持召開政治局常委擴大會議，背靠背地批判羅瑞卿。會上，葉群三次發言，長達十一個小時，劉少奇、周恩來、鄧小平、陸定一等對批羅感到突然，對揭發的資料未置可信。鄧小平說：「死無對證。」會議開了三天後，才把在大西南視察工作的羅瑞卿匆匆召來，接受揭發批判。蒙在鼓裡的羅瑞卿被突如其來的打擊震驚了，面對這些莫須有的罪名，他百口難辯。會後，羅瑞卿被解除了軍隊職務，楊成武成了代總參謀長。

12月底至1966年1月召開的軍隊政治工作會議，繼續批判羅瑞卿。

1966年3月4日至4月18日，中央工作小組在北京京西賓館召開解決羅瑞卿問題的會議。羅瑞卿在會議上辯駁自己的冤枉，反遭到更猛烈的圍攻。為抗議對他的誣陷誹謗，羅瑞卿跳樓自殺致殘。4月30日，中央工作小組做出《關於羅瑞卿錯誤問題的報告》，列舉羅瑞卿的「罪狀」：敵視和反對毛澤東思想，誹謗和攻擊毛澤東；推行資產階級軍事路線，反對毛澤東軍事路線，擅自決定全軍大比武，反對突出政治；公開向黨伸手，逼迫林彪「讓賢」、讓權，進行篡軍反黨的陰謀活動。羅瑞卿被說成是「打著紅旗造反」，埋藏在我們黨內軍內的「定時炸彈」，被解除了黨、政、軍的一切領導職務。

羅瑞卿倒了，林彪得逞了。他開創了黨內鬥爭搞突襲的先例，又一次成為黨內鬥爭的「大贏家」，又一次證明他是毛主席真正的「好學生」，「高舉」的桂冠當然非他莫屬。在毛澤東對劉少奇、鄧小平日益不滿的時候，林彪看準時機，向毛澤東挑開了他與羅瑞卿的將帥矛盾，一舉拿下了羅瑞卿。這一事件，不僅是確保了林彪對軍隊的掌控權，也是拆了中央一線領導團隊一個最有力的台柱，是毛澤東發動「文化大革命」的一個重要步驟。林彪的政治分量實際上已經壓倒了劉、鄧，成為毛澤東發動「文革」的最重要棋子。

二、在接班人的旗幟下

毛澤東和林彪在天安門上第三次接見紅衛兵。

逆取順守的「政變經」

　　北京的春天總是來去匆匆，往往還沒讓人們從大地奼紫嫣紅的變化中回過神來，就把熱辣辣的初夏驕陽掛到了天上。

　　北京1966年的春天在一片「批判」和「聲討」聲中，匆匆忙忙地溜過。自姚文元發表批判新編歷史劇《海瑞罷官》之後，黨內外的空氣驟然緊張起來。北京方面對姚文元文章亂打政治棍子的做法有所抵制，特別是政治局委員、書記處常務書記、北京市委第一書記兼市長彭真主持起草的《二月提綱》，對過火的政治批判做了一定程度的限制，使江青等人十分惱火。於是她轉而找到林彪這個「無產階級專政的『尊神』」，以求藉助軍隊來對文藝界展開更猛烈的攻擊。

　　1966年1月21日，江青跑到蘇州見林彪，商定由江青主持召開部隊文藝工作座談會。林彪安排總政副主任劉志堅等四人到上海見江青，開文藝座談會。座談會名為座談，實為江青一人的誇誇其談。江青在會上誣衊文藝界「有一條反黨反社會主義的黑線」，「建國十七年來，他們一直在專我們的政」，現在「該是我們專他們的政的時候了」。座談會紀要經陳伯達、張春橋、姚文元重新加工整理，產生了《林彪同志委託江青同志召開的部隊文藝工作座談會紀要》。

　　《紀要》的核心提出了「文藝黑線專政論」，它認為：文藝界在建國後，被一條反毛澤東思想的黑線專了我們的政，這條黑線就是資產階級的文藝思想、現代修正主義的文藝思想，和所謂1930年代文藝的結合。《紀要》中點名批判羅瑞卿，表明林彪代表毛澤東思想的正確路線。

　　毛澤東對《紀要》進行了三次審閱修改，並親筆加上「林彪同志委託」，以便名正言順。他認為，過去十幾年的教訓是，我們抓

遲了。而只要我們不抓，很多陣地就只好聽任黑線去占領，這是一條嚴重的教訓。

《紀要》反映了毛澤東對意識形態領域階級鬥爭形勢的嚴重估計，以及他要發動「文化大革命」的決心。

3月19日，江青把修改完的《紀要》送給林彪審批。3月22日，林彪給軍委常委寫信，鼓吹《紀要》是「一個很好的文件」，「不僅有極大的現實意義，而且有深遠的歷史意義」。3月30日，中央軍委將《紀要》報送中央，中央於4月10日批發給全黨，要求認真貫徹執行。

文藝座談會《紀要》的炮製，是林彪與江青相互利用，推動「文化大革命」的開始。林彪要利用江青是毛澤東夫人的特殊身分，和在意識形態領域中的權勢；江青要利用林彪在軍隊中的地位和權力，利用解放軍這塊陣地，開展「文化革命」。江青讚揚林彪「對文藝工作抓得很緊，做了很多重要的指示」。《紀要》把林彪吹捧江青的話列入正式文件中，為江青提供了一筆豐厚的政治資本。在黨內一向默默無聞的江青，被吹捧成「文化革命的英勇旗手」。

1966年5月4日，中共中央政治局擴大會議在北京召開，出國訪問回來僅半個月的劉少奇主持會議。毛澤東在杭州，沒出席，會議按他在4月杭州政治局常委會上決定的議程進行。常委會決定在這次會議上，正式撤銷彭真主持制定的《二月提綱》，解決政治局委員、書記處常務書記、北京市委第一書記兼市長彭真，政治局候補委員、書記處書記、中宣部部長陸定一等人的問題。

5月16日，會議通過了《中國共產黨中央委員會通知》，即開展「文化大革命」的綱領性文件《五一六通知》。毛澤東對通知做了多次修改，從他親筆修改的文字中，可以見到毛澤東對黨內外形勢的估計極為嚴重：

混進黨裡、政府裡、軍隊裡和各種文化界的資產階級代表人物，是一批反革命的修正主義分子，一旦時機成熟，他們就會奪取政權，由無產階級專政變為資產階級專政。這些人物，有些已被我們識破，有些則還沒有被識破，有些正受到我們信任，被培養為我們的接班人，例如赫魯雪夫那樣的人物，他們現正睡在我們的身旁，各級黨委必須充分注意這一點。

　　繼打倒楊尚昆、羅瑞卿後，又打倒了彭真、陸定一，這都是能讓林彪、葉群拍手稱快的事情。彭真在處理羅瑞卿的事情上，主張重證據，被林彪認為是包庇羅。對陸定一夫婦，林彪、葉群夫婦更是有著耿耿私仇。

　　陸定一的妻子嚴慰冰早在延安時期就對葉群有所了解，對她的貴夫人派頭十分反感。1960年初嚴慰冰到哈爾濱軍事工程學院看望兒子，看到林彪前妻的女兒林小琳受葉群虐待，十分氣憤，便採用一種很不適宜的寫匿名信方式辱罵林彪、葉群。從1960年3月到1966年1月，嚴慰冰背著陸定一，用「基督山」等化名，不斷寫匿名信說葉群年輕時私生活亂七八糟，說林立衡不是林彪的親生女兒，攪得林彪一家不得安寧。林彪夫婦恨之入骨，暗中調查寫信人。公安部把此案列為重大案件，1966年春查出匿名信乃嚴慰冰所為。1966年4月28日，嚴慰冰以「現行反革命」罪被捕。中央調查陸定一對此事並不知情，嚴慰冰經醫學檢查為精神病。

　　毛澤東對中宣部多有批評，他在3月與康生、江青、張春橋等人談話時說，中宣部壓制「左」派，包庇壞人，是閻王殿，要「打倒閻王，解放小鬼」。並說，如再包庇壞人，中宣部要解散，北京市委要解散。在「文化革命」的問題上，毛澤東對中宣部部長陸定一，是很不滿意的。

　　嚴慰冰匿名信事件的出現，和陸定一工作中對「文化革命」有所抵制的政治問題攪在一起，變得更複雜、更嚴重了，成為打倒陸

定一的重要因素。

5月18日上午，林彪在政治局擴大會議上做長篇發言，把自己一系列獨創性的「左」傾觀點，和對彭真、羅瑞卿、陸定一、楊尚昆的宿怨一股腦地傾瀉出來。

林彪發言說：

本來是常委其他同志先講好，常委同志們讓我先講，現在我先講一點。我沒寫出稿子來，憑口來講，有些資料唸一唸。

這次是政治局擴大會。上次毛主席召集的常委擴大會，解決彭真的問題，揭了蓋子。這一次繼續解決這個問題。羅瑞卿的問題，原來已經解決了。陸定一、楊尚昆的問題是查地下活動搞出來的，醞釀了很久，現在一起來解決。四個人的問題，是有關聯的，有共同點。他們幾個人問題的揭發、解決，是全黨的大事，是確保革命繼續發展的大事，是鞏固無產階級專政的大事，是防止資本主義復辟的大事，是防止修正主義篡奪領導權的大事，是防止反革命政變、防止顛覆的大事。

林彪的聲調突然尖高，「這裡最大的問題，是防止反革命政變，防止復辟，防止『苦迭打』（按：「政變」一詞的譯音）」。會場肅然，靜聽林彪繼續講下去。

「革命的根本問題是政權問題。有了政權，無產階級，勞動人民，就有了一切。沒有政權，就喪失一切。……我想用自己的習慣語言，政權就是鎮壓之權。社會上的反動派，混進黨內的剝削階級代表人物，都要鎮壓。有的殺頭，有的關起來，有的管制勞動，有的開除黨籍，有的撤職。不然，我們就不懂得馬克思主義關於政權的根本觀點，我們就要喪失政權，就是糊塗人。」林彪的政權觀只講鎮壓之權，從「你死我活」的戰爭思維方式出發，簡單地把複雜的政治問題歸於「槍桿子」、「筆桿子」、「刀把子」的問題，和

馬克思主義的政權學說大相逕庭，是典型的軍人專政理論。

「毛主席近幾年來，特別是去年，提出防止修正主義的問題，黨內黨外、各個戰線、各個地區、上層下層都可能發生。我所了解，主要是指領導機關。毛主席最近幾個月，特別注意防止反革命政變，採取了很多措施。羅瑞卿問題發生後，談過這個問題。這次彭真問題發生後，毛主席又找人談這個問題。調兵遣將，防止反革命政變，防止他們占領我們的重要部門、電台、廣播電台。軍隊和公安系統都做了安排。毛主席這幾個月就是做這個文章。毛主席為了這件事，多少天沒有睡好覺。」林彪利用毛澤東對黨內外形勢的錯誤認識，把發生政變當成了迫在眉睫的現實危險，著意製造黨內的恐慌情緒。

林彪宣揚政變具有世界性。「政變，現在成為一種風氣，世界政變成風。」「世界上政變的事，遠的不說，1960年以來，據不完全的統計，僅在亞非拉地區的一些資本主義國家中，先後發生61次政變，搞成了56次。殺掉首腦人物的8次，留當傀儡的7次，廢黜的11次。六年中間，每年平均11次。」

林彪還從中國歷史上為他的政變經尋找根據，一口氣列舉出正史野史中關於宮廷政變的十幾個例子，從周朝一直列舉到蔣介石。「從我國歷史上來看，歷代開國後，十年，二十年，三十年，五十年，很短的時間就發生政變，丟掉政權的例子很多。」林彪拚命渲染政變，在黨內製造毛骨悚然的恐慌氣氛。

林彪又把政變問題從歷史拉回現實：「我們取得政權已經十六年了，我們無產階級的政權會不會被顛覆，被篡奪？不注意，就會喪失。蘇聯被赫魯雪夫顛覆了；南斯拉夫早就變了；匈牙利出了個納吉，搞了十多天大災難，也是顛覆。」林彪故弄玄虛，在毛澤東

提出防止政變的問題上大做文章。「......最近有許多鬼事，鬼現象，要引起注意。可能發生反革命政變，要殺人，要篡奪政權，要搞資產階級復辟，要把社會主義這一套搞掉。有很多現象，很多資料，我在這裡就不去詳細說了。」「有一批王八蛋，他們想冒險，他們伺機而動。他們想殺我們，......用種種手法殺人。陸定一就是一個，陸定一老婆就是一個。......羅瑞卿就是一個。彭真手段比他們更隱密、更狡猾。」以防止政變為由，林彪把彭真、羅瑞卿、陸定一、楊尚昆的黨內問題歸結成反革命政變的性質。

　　林彪聳人聽聞地講了一大篇政變經後，又大談毛澤東的偉大天才。林彪說：「現在毛主席健在，我們是大樹底下好乘涼。毛主席已經七十多歲了，身體很健康，可以活到一百多歲。」「我們現在擁護毛主席，毛主席百年之後也要擁護毛主席。」林彪以天才論宣傳毛澤東的偉大，「毛主席在中國全國、在全世界有最高的威望，是最卓越、最偉大的人物。毛主席的言論、文章和革命實踐，都表現出他偉大的無產階級的天才。有些人不承認天才，這不是馬克思主義。不能不承認天才。......毛主席是天才。」「毛主席廣泛運用和發展了馬克思列寧主義理論，在當今世界上沒有第二人。」「毛澤東思想是人類的燈塔，是世界革命最銳利的武器，是放諸四海而皆準的普遍真理。......毛主席活到哪一天，都是我們黨的最高領袖，他的話都是我們行動的準則。誰反對他，全黨共誅之，全國共討之。」「毛主席的話，句句是真理，一句超過我們一萬句。」如此吹捧領袖，古今中外罕見。林彪用「天才論」把毛澤東神化到「頂峰」，也就是在為自己樹立最忠實的「高舉」的形象。

　　林彪的這篇談話，提出一套套的獨創性「理論」，像「政變論」、「兩桿子（槍桿子、筆桿子）論」、「天才論」、「頂峰論」、「上層危險論」、「四個『唸唸不忘』（唸唸不忘階級鬥

爭，唸唸不忘無產階級專政，唸唸不忘突出政治，唸唸不忘高舉毛澤東思想偉大紅旗）」、「一句頂一萬句」等等，都出自其中。林彪的這篇談話，以「政變論」打擊政敵，以「天才論」吹捧領袖，文武相彰，是他從事「文化大革命」的理論體系。

林彪的談話，不僅為與會的大多數人接受，而且頗得好評。在熱烈的掌聲中，陳伯達等人上前與林彪握手。會後不久就在黨內傳達，並在黨的八屆十一中全會上印發，在社會上廣為流傳。中共中央在批轉林彪的談話時，稱它「是活學活用毛澤東思想的典範，是指導無產階級文化大革命的一個重要文件」，要求「全黨全軍都應當認真學習，認真討論，認真領會，把它運用到文化革命和一切行動中去」。

在會議上，彭真、陸定一等被迫檢討。

5月19日，彭真檢討時說：「至於搞政變、顛覆中央、裡通外國等罪惡活動，我連作夢也沒想到。」林彪則惡狠狠地說，「其實作夢也沒忘掉」。

5月20日，陸定一檢討，林彪得以報陸定一的妻子嚴慰冰匿名信一箭之仇。他要清算嚴慰冰的「攻擊和辱罵」，在5月14日就給中央寫了「處女證明書」，要求在會上傳閱。這天會上，每個座席上都放了一張林彪親筆的影印文件：

我證明：

（一）葉群與我結婚時是純潔的處女，婚後一貫正派。

（二）葉群與王實味等人根本沒有戀愛過。

（三）老虎、豆豆是我與葉群的親生子女。

（四）嚴慰冰的反革命信所談的一切全係造謠。

林彪

一九六六·五·十四

在中國共產黨的最高級會議上，出現如此文件，的確讓人啼笑皆非。

陸定一檢討的話音剛落，林彪就吼道：「天天在想變天，天天在想變天。」

在小組會上，林彪和公安部長謝富治揪住陸定一的嚴慰冰匿名信問題不放。謝富治說：「嚴慰冰寫反革命信的背景，如林總行動等，只有陸定一才知道。從這些看，陸定一是參與嚴的反革命活動的。」林彪質問陸定一：「你和你老婆勾結在一起，用匿名信的辦法，長期誣陷葉群同志和我的全家，目的是什麼？講清楚！」陸定一說：「嚴慰冰寫匿名信，我不知道，她既沒跟我商量過，也沒給我看過，我本人也沒有發現過。」林彪盯著問陸定一：「你老婆的事，你會不知道？」陸定一回答：「丈夫不知道老婆的事，不是很多嗎？」林彪勃然大怒，叫道：「我恨不得一槍斃了你。」

毛澤東看到林彪5月18日的談話，在發動「文化大革命」前夕時的毛澤東，心裡充滿了臨戰前的躊躇。他既有要發動一場大規模的政治運動，徹底清除黨內和社會陰暗面的決心，又對自己的決心表現出臨戰前重新審視的冷靜。對林彪「五·一八講話」中一些吹捧他的提法，他也感到有點過火了。

7月8日，毛澤東在武漢給江青寫了一封信，表露出他躊躇中見矛盾的心態，信中對林彪也有所批評。

......天下大亂，達到天下大治，過七、八年又來一次。牛鬼蛇神自己跳出來。他們為自己的階級本性所決定，非跳出來不可。我的朋友的談話（按：指林彪「五·一八講話」），中央催著要發，我準備同意發下去，他是專講政變問題的。這個問題，像他這樣的講法過去還不曾有過。他的一些提法，我總感覺不安。我歷來不相

信，我那幾本小書，有那麼大的神通。現在經他一吹，全黨全國都吹起來了，真是王婆賣瓜，自賣自誇。我是被他們迫上梁山的，看來不同意他們不行了。在重大問題上，違心地同意別人，在我一生還是第一次。叫作不以人的意志為轉移吧。晉代人阮籍反對劉邦，他從洛陽走到成皋，嘆道：世無英雄，遂使豎子成名。魯迅也對於他的雜文說過同樣的話。我和魯迅的心是相同的。我喜歡他那樣坦率。他說，解剖自己，往往嚴於解剖別人。在跌了幾跤之後，我亦往往如此。可是同志們往往不信。我是自信而又有些不自信。我少年時曾經說過：自信人生二百年，會當擊水三千里。可見神氣十足了。但又不很自信，總覺得山中無老虎，猴子稱大王，我就變成這樣的大王了。但也不是折衷主義，在我身上有些虎氣，是為主，也有些猴氣，是為次。我曾舉了後漢人李固寫給黃瓊信中的幾句話：嶢嶢者易折，皎皎者易汙。陽春白雪，和者蓋寡。盛名之下，其實難副。這後兩句，正是指我。我曾在政治局常委會上讀過這幾句。人貴有自知之明。今年4月杭州會議，我表示了對於朋友們那樣提法的不同意見。可是有什麼用呢？他到北京5月會議上還是那樣講，報刊上更加講得凶，簡直吹得神乎其神。這樣，我就只好上梁山了。我猜他們的本意，為了打鬼，藉助鍾馗。我就在1960年代當了共產黨的鍾馗了。事情總是要走向反面的，吹得越高，跌得越重，我是準備跌得粉碎的。那也沒有什麼要緊，物質不滅，不過粉碎罷了。全世界一百多個黨，大多數的黨都不信馬、列主義了，馬克思、列寧也被人們打得粉碎了，何況我們呢？……我則只說對於我所起的作用，覺得有一些提法不妥當，這是我和黑幫們的區別。此事現在不能公開，整個左派和廣大群眾都是那樣說的，公開了就潑了他們的冷水，幫助了右派，而現在的任務是要在全黨全國基本上（不可能全部）打倒右派……

　　毛澤東的信只給政治局中的少數人看過。林彪見到毛澤東的信，深感不安，一再解釋自己是出於擁戴的好意。毛澤東為消除林

彪的惶恐，將原信銷毀。

《五一六通知》下發後，全國捲入了「文化大革命」。毛澤東認定黨內出了修正主義，要當無產階級的「鍾馗」，在全黨全國開展橫掃一切牛鬼蛇神的群眾性政治大革命。6月1日，他批准向全國廣播，並由《人民日報》刊登北京大學聶元梓等人的造反大字報，立刻引起全國的強烈反應。各學校紛紛揪鬥黑幫人物，混亂越演越烈。

劉少奇、鄧小平等中央一線領導為使運動有秩序有領導地開展，經毛澤東的認可，向大中學校派出工作組。工作組與造反的學生群眾間發生許多矛盾衝突，在康生、江青等人調唆下，從外地趕回北京的毛澤東認為工作組起壞作用，阻礙運動，要「全部驅逐之」。毛澤東批評了中央一線領導派工作組領導運動的做法。7月底，中共中央決定撤銷工作組。8月1日，中共在京召開了八屆十一中全會。

毛澤東在會上嚴厲地指責中央一線領導鎮壓學生運動，並說「牛鬼蛇神，在座就有！」一言既出，舉座震驚。8月5日，毛澤東寫了《炮打司令部——我的第一張大字報》，把工作組問題與1962、1964年中央在工作指導方針的意見分歧聯繫起來，說成是兩個司令部的路線鬥爭。會議開始批判劉少奇、鄧小平。

全會開至一半時，毛澤東火速召回在大連休養的林彪。匆匆趕回北京開會的林彪，在8日晚接見中央文化革命小組成員，表示堅決支持毛澤東發動「文化大革命」。他以絕對忠誠的口吻說：「這次文化大革命最高領導是我們毛主席。」並以「亂」作為這次運動的主題加以發揮。他說：「這次經過大震動、大戰役，打下基礎，是很有必要的。」「要弄得翻天覆地，轟轟烈烈，大風大浪，大攪大鬧，這半年就要鬧得資產階級睡不好覺，無產階級也睡不好覺。」

在大多數與會者都對「文化大革命」很不理解時，林彪的這一番話無疑更能切中毛澤東「天下大亂，達到天下大治」的意圖。林彪的談話，在全會上傳達，會上還印發了林彪在5月政治局擴大會議上的「五·一八講話」。

10日，林彪召集軍隊負責幹部，就軍隊機關「文化大革命」和幹部路線談話。他說：「看幹部，首先要看他是擁護毛主席的，還是反對毛主席的；是不是突出政治；革命幹勁是不是高。……擁護毛主席的，突出政治的，是頭號的大好。不然就是頭號的大壞。其他都是中好中壞，小好小壞。」林彪進而說明了要用的「大好」幹部的標準，「有的幹部，小節不那麼好，私生活、男女關係、工作態度、工作方法有毛病，但他擁護主席，突出政治，有革命幹勁。」林彪指示：「要透過這一次運動，全面地審查幹部，該升的升，該提的提，該罷的罷。」

林彪在八屆十一中全會上的表現，表明了他堅決支持和擁護毛澤東發動「文化大革命」的政治姿態，與劉少奇、鄧小平的態度形成了鮮明的對比。

全會改組了中央領導機關。最為重要的變化是，在政治局常委中，劉少奇由第二位下降到第八位，林彪由第六位上升為第二位。雖然這次全會並未重新選舉黨中央副主席，林彪卻在會後實際成為黨中央唯一的副主席，原來的其他四位副主席只稱常委。全會明確林彪為「副統帥」、毛澤東的「最親密戰友」，內部講是「接班人」。

全會通過了《中國共產黨中央委員會關於無產階級文化大革命的決定》，即「十六條」。這是「文化大革命」的又一個綱領性文獻。其中心思想是：不要怕出亂子，讓群眾自己解放自己。

中共八屆十一中全會選定林彪為「副統帥」、「接班人」，首先是毛澤東發動「文化大革命」的需要，也是林彪這幾年來大搞

「突出政治」的「奉毛路線」最大成果。林彪主持軍隊工作的這幾年，大搞「大樹特樹」毛澤東思想的一套說法做法，使黨內軍內大部分人認為他是最緊跟毛澤東的。毛澤東也認為只有林彪才能最忠實、最堅決地執行他的方針政策，在要拿掉劉少奇，發動「文化大革命」的情況下，毛澤東需要倚重林彪，藉助軍隊。在政治局七名常委中，劉少奇、鄧小平被認為是犯了路線錯誤，毛澤東對其他常委也不太滿意。推舉林彪當副主席，全黨全軍都容易接受。而且，林彪搞的那一套「高舉」的做法，推行到全國，也符合毛澤東「為了打鬼，藉助鍾馗」的思路。

八屆十一中全會公報，接受了林彪對毛澤東和毛澤東思想的一系列提法，用「當代最偉大的馬克思列寧主義者」，「天才地、創造性地、全面地」等等缺乏科學內涵的言語，對毛澤東思想做了新的概括。公報高度讚譽「林彪同志號召人民解放軍在全軍展開學習毛澤東同志著作的群眾運動，為全黨全國樹立了光輝榜樣」，充分肯定了林彪搞的「活學活用」學習毛澤東著作的方針，是「行之有效的，普遍適用的」，要「進一步在全黨全國推廣」。

在林彪的竭力提倡鼓吹和毛澤東的默許下，隨著「文化大革命」的發動，在全黨全國掀起了一場1960年代的現代「造神運動」。

8月13日，在貫徹全會精神的中央工作會議上，剛成為「接班人」的林彪發表談話，講了文化革命和幹部兩大問題。

林彪以思想革命化來闡述搞文化革命的必要性：「文化大革命，實際是思想革命。……就是革一切舊思想的命，就是要改造人的靈魂，就是要做到人的思想革命化。」「億萬人思想革命化了，一切辦法都會有了。這是我們黨領導我們國家由弱到強，由落後到先進的根本方法。」林彪侃侃而談：「思想革命不是一個大運動能徹底解決的，但必須要有一個大運動」，「這次文化大革命觸及每

個人的靈魂，黨政軍、工農商學兵，三裡五界（按：黨裡、政府裡、軍隊裡；學術界、教育界、新聞界、文藝界、出版界）都是我們鬥爭的領域」，「乾脆大鬧幾個月，弄得人們睡不著覺。」

談及幹部問題，林彪極有興頭，他說：「在運動中，我們對幹部，要來個全面考察，全面排隊，全面調整。我們根據主席講的無產階級革命事業接班人的五條原則，提出了三條辦法，主席同意了。

第一條，高舉不高舉毛澤東思想紅旗。反對毛澤東思想的，罷官。

第二條，搞不搞政治思想工作。和政治思想工作搞亂的，和文化大革命搞亂的，罷官。

第三條，有沒有革命幹勁。完全沒有幹勁的，罷官。

這次就是要罷一批人的官，升一批人的官，保一批人的官。組織上要有個全面的調整。」

林彪強調：「以主席為軸心，我們做磨盤，一切按主席指示辦事，不能有另外的做法。……我們對主席的指示要堅決執行，理解的要執行，不理解的也要執行。」

林彪的這番談話，可以認為是他當上「接班人」、「副統帥」的就職演說。他以思想革命化的大題目，論證搞「天下大亂」的必要性；以含義不清的「三罷」標準作為幹部路線，用「全面調整」對廣大幹部施加壓力；以宣揚對毛澤東的盲從盲信，清除人們對「文化大革命」的不理解和牴觸情緒。

林彪首先從軍隊抓起，以求使軍隊成為支持「文化大革命」的堅強支柱。在八屆十一中全會後，在林彪的主持下，軍隊召開了一系列會議，貫徹會議精神，貫徹林彪談話。

8月18日，在天安門廣場舉行百萬人參加的「慶祝無產階級文化大革命」大會，這是全面開展「文化大革命」的動員大會。毛澤東意味深長地穿著綠軍裝，接見檢閱百萬群眾。林彪在大會上發表談話，充滿了激烈的「打倒」類革命詞語。

我們堅決支持你們敢闖、敢幹、敢革命、敢造反的無產階級革命精神！

我們要打倒走資本主義道路的當權派，要打倒資產階級反動權威，要打倒一切資產階級保皇派，要反對形形色色的壓制革命的行為，要打倒一切牛鬼蛇神！

我們要大立無產階級的權威，要大立無產階級的新思想、新文化、新風俗、新習慣。一句話，就是要大立毛澤東思想。

這次是大戰役，是對資產階級和一切剝削階級思想的總攻擊。我們要在毛主席的領導下，向資產階級意識形態、舊風俗、舊習慣勢力，展開猛烈的進攻！要把反革命修正主義分子，把資產階級右派分子，把資產階級反動權威，徹底打倒、打垮，使他們威風掃地，永世不得翻身！

林彪在天安門城樓上與毛澤東肩並肩地站在一起的公眾形象，由林彪在大會上發表重要談話，新華社對這次大會報導中，關於林彪是毛澤東「親密戰友」的稱謂，政治局常委名次的新排列，等於向國內外宣布了林彪成為「中共二號人物」和「接班人」的新身分。林彪在中國成了第二號人物的訊息，立刻引起國際社會的注意。外電評論說：中國現已確立毛林體制，決心利用紅衛兵，開展一次新的清洗運動，這等於把一艘航船駛向怒濤滾滾的大海，有可能破浪前進，也有可能被狂濤所吞沒。

天下大亂的「副統帥」

「文化大革命」使林彪的地位陡然上升，也使他的政治野心急劇膨脹起來。林彪一人之下，萬人之上的地位並不穩固，與他資歷相當、能力卓越的治國治軍官臣棟梁大有人在，這都是他政治上的潛在對手。所以，林彪完全迎合了毛澤東發動「文化大革命」的需要，為「天下大亂」推波助瀾，熱情鼓勵紅衛兵無法無天的「造反運動」，積極推動全中國範圍的動亂，支持打倒黨內軍內一大批領導幹部，在運動中展開政治投機，發展自己的宗派勢力，以鞏固和加強他的「接班人」政治地位。

「文化大革命」開始時，中央軍委為了保持軍隊的穩定和正常的工作秩序，規定軍隊的運動在各級黨委領導下進行，把運動限制在少數部門。林彪揣摩到毛澤東要「天下大亂」的意圖，在1966年10月1日的國慶談話中說：「在無產階級文化大革命中，以毛主席為代表的無產階級革命路線，與資產階級反對革命路線的鬥爭還在繼續。」林彪感到軍隊沒有跟上運動形勢，對這種冷清的狀態不滿意，決心改變軍隊「文革」運動落後於地方的局面，批評軍隊文革在部隊院校搞了許多壓制群眾的條條框框。1966年10月5日，根據林彪的指令，軍委、總政發出《關於軍隊院校無產階級文化大革命的緊急指示》。《緊急指示》取消了過去軍委總政對軍隊院校「文革」運動所做的若干規定，否定了黨委領導運動的必要性，鼓勵了「造反有理」的無政府主義思潮。毛澤東對這個文件非常重視，批准下發。當日，中共中央就轉發了《緊急指示》，要求縣以上大中學校「堅決貫徹執行」。

《緊急指示》的核心是「踢開黨委鬧革命」。它不但是軍隊「文化大革命」由相對平穩到走向混亂的轉折點，而且打通了軍隊

院校和地方院校的「文革」運動，明確了「矛頭朝上」的大方向，把「踢開黨委鬧革命」的惡風推向全國各地，各級黨委受到造反派群眾「火燒」、「炮打」的激烈衝擊。除野戰軍外，全中國各級黨委的領導從此逐步中斷，黨組織陷入癱瘓，大批黨政軍領導幹部被批鬥。

在批判「資產階級反動路線」為主題的10月中央工作會議上，林彪發表了重要言論，他點名批判劉少奇、鄧小平，說他們搞了一條與毛主席路線相反的「壓制群眾，反對革命的路線」，「一個是群眾路線，一個是反群眾路線。這就是我們黨內兩條路線的尖銳對立」。

廣大幹部普遍不理解「如何搞文化大革命」，擔心社會混亂難以收場。林彪則以「相信群眾、依靠群眾、發動群眾」的空論為回答，大談他的「亂子觀」。林彪說：「亂子有二重性。不要只看到壞的一面，看不到好的一面。……其實，這個亂子是亂敵人，而不是亂我們。有的時候，自己造一點小亂。……現在如果怕出這點小亂子，將來要出大亂子，牛鬼蛇神將來要造無產階級的反，造我們的反。」

為了進一步論證「亂」的必要性，林彪在此提出了他著名的「群眾運動天然合理論」。他說：「革命的群眾運動，它天然是合理的。儘管群眾中有個別的部分、個別的人、有『左』有『右』的偏差，但是群眾運動的主流總是適合社會發展的，總是合理的。因此，我們應該相信群眾，依靠群眾的創造性。這次運動開始時，我們就沒有規定多少章程。」這是推崇自發，鼓勵偏激，愚弄群眾，運動群眾的理論。

毛澤東對林彪的談話非常讚賞，指示大量印發到社會上去。林彪的「亂子觀」和「群眾運動天然合理論」，為越來越激烈的「造

反」行動火上澆油,提供了具有毛澤東「好學生」權威的理論依據。

在「批判資產階級反動路線」之後,群眾造反的勢頭越來越大,迅速波及工礦企業和農村。1966年冬,中央召開工交座談會,研究工廠農村的「文化大革命」。

周恩來、陶鑄、余秋里、谷牧等中央領導,對「文化大革命」已經使工農業生產陷入混亂的形勢憂心忡忡,力爭縮小動亂的範圍和程度,維護國民經濟的正常運轉。他們的正確意見遭到林彪、江青和中央文革的斷然否定。

1966年12月3日,林彪主持中央政治局擴大會議,發表談話說:「完全從生產上看文化大革命是片面的,我們用別的方法也能提高生產。我們搞文化大革命在一定時期內也可能降低生產,如果用生產大小來評議文化大革命的成敗是大錯特錯的。生產受一點損失,其他方面得點收穫,在政治上得到收穫,也是最大的收穫。」

12月4日至6日,林彪主持政治局擴大會議,和江青、康生等人一道嚴厲批評了陶鑄、谷牧等主持經濟工作的領導人,指責他們「以生產壓革命」。林彪在會議的總結發言中說:「一定要認識工交系統有嚴重的階級鬥爭和兩條路線的鬥爭。……劉(少奇)、鄧(小平)、彭(真)、薄(一波),對我們的影響很大很深,在工交企業同樣如此。十年二十年潛移默化,我們的很多組織、很多幹部受到影響。」「文化大革命開始是學術批判,後來發展到學生中間去了,現在進入到工人、農民中去了,進入全社會,現在文化大革命席捲全國,大勢所趨,勢不可擋。」「文化大革命是對全黨的批判運動,批判幹部的運動,也是批判我們這個當權的黨。」

12月9日,中共中央下發了會議通過的《關於抓革命、促生產的十條規定》,即「工業十條」。

12月15日，林彪主持政治局擴大會議，通過《關於農村無產階級文化大革命的指示》，即「農村十條」。

這兩個文件下發後，「文化大革命」的動亂，迅速蔓延到工礦企業和農村。

林彪對「文化大革命」發動的支持作用非常關鍵，做的都是重頭文章。林彪的「五·一八講話」，大談政變的危險，對全黨全國人民展開了發動「文化大革命」的動員；林彪在接見全國大中學校的師生時的談話，支持和鼓勵了紅衛兵運動和「破四舊」的興起；林彪的《緊急指示》，在社會上掀起「踢開黨委鬧革命」的浪潮；林彪在10月中央工作會議上講話，推動全國開展批判「資產階級反動路線」；林彪在12月主持的政治局擴大會議上的談話，全國城鄉都捲入造反運動......雖然，這些推動「文化大革命」的決策，都是由毛澤東親自做出的，但是，林彪竭力迎合毛澤東發生「文化大革命」的錯誤，積極支持和推動「文化大革命」，與江青、康生、陳伯達和「中央文革」一起，把全黨全國推向了全面動亂。

林彪緊跟毛澤東「炮打司令部」的戰略部署，支持「文化大革命」的群眾造反運動，透過整倒其他黨、政、軍領導幹部，既可以表示出自己政治上的路線「正確」，表明自己是毛澤東的「好學生」；又可以掃除政治障礙，鞏固自己的接班人地位。

1966年8月，葉群兩次找到總參作戰部副部長雷英夫，代表林彪向他口述了13條誣陷劉少奇等中央高層領導人的資料。翌日，雷英夫把趕著寫出的「關於少奇同志的資料」交給葉群。林彪看到資料後，於14日召見了雷英夫，指示他以「林副主席並報主席」的來信形式報上，以便「更政治化些」。雷英夫立即照辦。

當天，林彪就把雷英夫的信和資料批轉江青。「江青同志此件請閱。並請酌轉主席閱。林彪8月14日」。江青把信和資料轉給毛澤東。毛澤東圈閱。

雷英夫在林彪、葉群授意下寫的這封誣告劉少奇的信，主要內容是：一.劉少奇建國以來，特別是最近幾年，從不宣傳學習毛主席著作，也不傳達主席指示。二.劉少奇自以為可以和毛主席平起平坐，可以當最高領袖。三.劉少奇除在「文化大革命」中犯了路線錯誤外，在歷史上也犯了很多方向性的嚴重錯誤，不是真正的馬克思主義者。四.劉少奇在組織路線上安插私人，包庇壞人，對主席不請示不彙報，有宗派圈子，搞獨立王國。五.劉少奇在思想作風上唯我獨尊，一言堂，吹捧老婆王光美在「四清」運動中蹲點的桃園經驗。六.攻擊養病的老同志，影射林彪。

雷信是第一封誣告劉少奇的信。在中共八屆十一中全會剛開過，毛澤東對劉少奇嚴厲批評之後，林彪授意雷英夫誣告劉少奇，已不是一般的討好奉迎，而是惡意的中傷陷害了。特別是信中說劉少奇與毛澤東「平起平坐」，純係別有用心地挑撥離間。在毛澤東對劉少奇嚴重不滿的情況下，這封信無疑更加重了毛澤東的疑慮。

在中國共產黨的八屆十一中全會和其後各種重要會議上，林彪擺出「跟得最緊」的「好學生」的姿態，多次點名批判劉少奇、鄧小平，稱劉、鄧執行了「一條與毛主席革命路線相對立的資產階級反動路線」。

林彪作為「無產階級司令部」的副帥，積極支持了「打倒劉少奇、鄧小平修正主義路線」的運動。這場運動從「文化大革命」所謂「資產階級反動路線」問題，延伸到建國以來十七年的問題，甚至革命戰爭年代的問題，為打倒一大批黨政軍領導幹部製造罪名，迫害了大批幹部。

1966年冬，劉少奇被隔離、批鬥。隨後，中央成立王光美、劉少奇專案組。

1968年9月，康生、江青、謝富治一夥控制下的專案組，採取逼供信的惡劣手段，製造偽證，給劉少奇羅織了「叛徒、內奸、工

賊」等三大罪名，並把這份羅織構陷的資料報送中央。9月29日，林彪在劉少奇專案組報送的審查報告上批示：「向出色地指導專案工作並取得巨大成就的江青同志致敬！」

　　林彪在軍隊中大搞排斥異己的活動，直接插手對軍隊一些主要領導幹部的迫害。

　　林彪把羅瑞卿整掉後，在軍隊最擔心的是賀龍元帥。他認為賀龍在軍隊中手伸得太長，有野心。

　　1966年8月25日，總參作戰部一批幹部，就不讓某領導參加外事活動給總參黨委貼出大字報，簽名人中有總參作戰部長王尚榮，這件事賀龍毫不知情。王尚榮是從紅二方面軍出來的幹部，賀龍的老部屬。林彪就此認定賀龍是後台，「八·二五」事件是「奪權」性質的，是賀龍指使王尚榮奪總參黨委的權。林彪要利用這件事大做文章，指使總參親信，「你們要就此事盡快寫個資料給我」。

　　8月28日，林彪把吳法憲找去，對他說：賀龍「有野心」，「到處插手，總參、海軍、空軍、政治學院都插了手」，「空軍是一塊肥肉，誰都想吃」，「你要警惕他奪你的權」。林彪讓吳法憲回去把賀龍「插手」空軍的情況寫個資料給他。

　　9月2日，林彪打電話給李作鵬說：「你要注意賀龍，賀龍實際上是羅瑞卿的後台。他採取種種卑鄙手段拉了一批人來反我，軍委很快要開會解決他的問題，你就這個問題盡快寫個資料。」

　　在總後、裝甲兵、後勤學院、政治學院等單位，林彪、葉群也做了同樣的部署。

　　葉群還親自出馬，多次向中央軍委辦公廳警衛處長宋治國口授誣陷賀龍的資料，指使宋寫揭發信。9月7日至24日，宋治國連續寫了四封誣陷信。葉群為掩人耳目，特地叮囑宋說：「以你主動向我反映情況的口氣寫，不要以我指示叫你了解的口氣寫。」當宋治

國把寫好的信交給她時，她故意當著幾個祕書的面，裝模作樣地問道：「信是否屬實？」然後讓祕書們寫證明，說明宋治國寫信是完全自發的。

林彪將這些誣告信報送給毛澤東，毛澤東此時對黨內軍內可能出現「赫魯雪夫」的危險性看得非常重，對賀龍也是放心不下。

1966年9月8日，林彪主持召開軍委常委會，說奉主席指示，就賀龍問題打一下招呼。林彪說，有證據表明，賀龍有野心，在軍內到處插手奪權。他列舉了總參「八·二五」的大字報和駐京一些軍事機關發生的「炮打」黨委事件，說這都與賀龍有關。

毛澤東讓賀龍找林彪徵求意見，林彪對賀龍說：「你的問題可大可小，主要是今後要注意一個問題，支持誰，反對誰。」話中意思很明顯，是要賀龍跟他走。賀龍當即回答說：「誰反對毛主席，我就反對誰。」

1966年底，在江青、林彪的支持下，社會上掀起了「打倒賀龍」的浪潮，賀龍的家也被抄了。

1967年1月，林彪在軍委擴大會議上談話，誣衊賀龍是「大土匪」、「封建地主」、「大野心家」、「羅瑞卿的後台」、「反毛主席的三反分子」、「大軍閥」。葉群在總參攻擊賀龍「要搞反革命政變」。江青逼周恩來表態，「把賀龍揪出來」。1967年9月，賀龍被正式列為專案審查對象。1969年6月9日，賀龍被迫害致死。

打倒賀龍的同時，株連了幾十名原紅二方面軍的高階幹部。裝甲兵司令員許光達大將被迫害致死。王震、李井泉、廖漢生、余秋里等被整，被打倒。

林彪還攻擊朱德，把朱德和彭德懷都說成是「黨的一個最大的隱患」，誣衊忠厚長者朱德「有野心」，「一天都沒做過總司

令」。

　　林彪、江青在打倒劉、鄧路線上是一致的，但是林彪不能允許運動搞亂軍隊，與江青一夥又有矛盾衝突。1967年1月，「文革」運動進入全面內戰，軍隊也發生了混亂，一些軍隊領導機關受到了衝擊。為了穩定軍隊，在幾名老帥支持下，林彪口授了軍委「八條命令」，經毛澤東批准下發。「八條命令」規定，不准衝擊軍事領導機關、戰備系統和保密系統，軍隊人員不得擅離職守……。軍隊幹部要求的是保持軍隊的穩定，江青一夥要求的是「全面開展階級鬥爭」，雙方必然要發生衝突。最為集中的表現，是在1967年春的所謂批判「二月逆流」。

　　1967年1月19日和20日，中央軍委在京西賓館開碰頭會，討論軍隊搞不搞「四大」的問題，江青、陳伯達、康生要軍隊發動群眾，開展「四大」，遭到葉劍英、徐向前、聶榮臻等軍隊領導幹部的激烈反對，堅決維護軍隊的穩定，稱為「大鬧京西賓館」。

　　2月11日和16日，在周恩來主持的懷仁堂政治局碰頭會上，政治局委員譚震林、陳毅、葉劍英、李富春、李先念、徐向前、聶榮臻等，對江青、康生、陳伯達、張春橋等中央文革的一夥進行了面對面的鬥爭，痛快淋漓地斥責他們「打倒一切」的行為，稱為「大鬧懷仁堂」。

　　譚震林在會後，激怒未平，在17日給林彪寫了一封信，斥責江青一夥「比武則天還凶」，「他們根本不做階級分析，手段毒辣是黨內沒有見過。一句話就把一個人的政治生命送掉了，……老幹部、省級以上的高階幹部，除了在軍隊的，住中南海的，幾乎都挨了鬥，戴了高帽，坐了飛機，身體垮了，弄得妻離子散，傾家蕩產的人不少，我們黨被醜化到無以復加了」。「我想了好久，最後下了決心，準備犧牲。但我絕不自殺，也不叛國，但絕不允許他們再

如此蠻幹」。

林彪在譚震林的信批上「譚震林最近之思想竟糊塗墮落到如此地步，完全出乎意料之外」，轉送給毛澤東。毛澤東批「已閱」，退給了林彪。林彪碰了個軟釘子，完全出乎意料之外，把信和批文撕毀了。

16日會後，江青、張春橋、姚文元一夥立即整理會議記錄，到毛澤東處告狀。18日，江青、王力親自向林彪彙報「大鬧懷仁堂」的情況。18日晚，毛澤東在中南海召集部分政治局委員開會，大發雷霆，嚴厲批評在會上對中央文革提意見的老幹部們，說：「誰反對中央文革，我就堅決反對誰。」並讓譚震林、陳毅、徐向前停職檢討。毛澤東還對參加這次會議的葉群說：「你告訴林彪，他的地位不穩啊，有人要奪他的權哩！這次文化大革命失敗了，我就和林彪離開北京南下，再上井岡山打游擊，讓劉少奇、鄧小平上台，陳伯達、江青槍斃，康生充軍，文革小組改組，讓陳毅當組長，譚震林當副組長，余秋里、薄一波當組員。再不夠，把王明、張國燾請回來。力量還不夠，請美國、蘇聯一塊來。」

從2月25日到3月18日，中央政治局接連召開了七次「政治局生活會」，批判這些老同志。江青、康生、謝富治等藉機群起圍攻他們。葉群也是圍攻的積極分子。她參加完圍攻，還回家對祕書們得意地說：「我也向他們開火了。」

隨後，中央文革藉機掀起「反擊全國自下而上的復辟逆流」的浪潮，把打倒這些軍委副主席和國務院副總理的口號推向社會，更大規模地迫害各級領導幹部。此後，中央政治局便在實際上停止了活動。

個人崇拜的「親密戰友」

林彪當上「副主席」和「接班人」，和毛澤東對林彪指導軍隊工作的讚賞，以及要倚重他搞「文化大革命」是分不開的。林彪幾年來思索毛澤東的心理和製造個人崇拜的工夫沒有白費。在「文化大革命」中，林彪又把個人崇拜推到了登峰造極的地步。

林彪以毛澤東的「親密戰友」、「好學生」的形象走到政治前台，是毛澤東思想偉大紅旗舉得最高的「樣板」、「突出政治」的「表率」、全國人民「思想革命化」學習的榜樣。他在「文化大革命」中，無論在任何的公開場合和各種會議上，都不遺餘力地鼓吹對毛澤東的個人崇拜。

林彪藉造神以自造，藉突出毛澤東以突出自己，藉「大樹特樹」毛澤東思想的絕對權威，以樹立自己「舉得最高」的政治權威。

「文化大革命」初期，林彪熱中於到處題詞，次次都「突出主席」。他為軍隊的題詞：「讀毛主席的書，聽毛主席的話，照毛主席的指示辦事，做毛主席的好戰士」，成了全國人民的座右銘，出現在各種文宣品上。

1966年10月27日，林彪為鐵道部，就「毛澤東號」機車命名二十週年題詞：「毛澤東思想指引下的人民革命，是歷史前進的火車頭。」

1967年5月1日，林彪為清華大學題詞：「偉大的領袖，偉大的統帥，偉大的導師，偉大的舵手。毛主席萬歲！萬萬歲！」全國大小報刊均以頭版頭條，甚至半張報紙的版面，刊登了林彪的題詞。

1967年夏，林彪為北京衛戍區「活學活用毛主席著作積極分子代表大會」題詞：「高舉毛澤東思想偉大紅旗，在無產階級文化大革命中立新功！」

1967年底，林彪應李作鵬要求，為海軍「雙代會」題詞：「大海航行靠舵手，幹革命靠毛澤東思想。」

林彪每題一次詞，都登報廣播，全國各地敲鑼打鼓，遊行慶祝，廣為宣傳。

林彪把「思想革命化」作為「文化大革命」的發動口號，在大小會議上極力鼓吹，並把「思想革命化」作為棍子，打擊那些堅持穩定社會秩序和生產秩序的幹部們。他的「思想革命化」內容，就是學「毛著」、學「老三篇」，用毛澤東思想改造自己的思想。然而，林彪提出的學習毛主席著作，是把毛澤東思想當作宗教理論，大搞「背警句」、「學語錄」、「立竿見影」的實用主義。這種對毛澤東思想的實用主義，和「大樹特樹」毛澤東「絕對權威」的個人崇拜，構成了林彪在「文化大革命」中「突出政治」和「思想革命化」的主要內容。

林彪在1966年12月16日寫的《〈毛主席語錄〉再版前言》，概括了林彪的「學毛著」要訣和「活學活用」十六字方針。《再版前言》說：

毛澤東同志是當代最偉大的馬克思主義者。毛澤東同志天才地、創造性地、全面地繼承、捍衛和發展了馬克思列寧主義，把馬克思列寧主義提高到一個嶄新的階段。

毛澤東思想是在帝國主義走向全面崩潰，社會主義走向全世界勝利的時代的馬克思列寧主義。……

學習毛主席著作，要帶著問題學，活學活用，學用結合，急用先學，立竿見影，在「用」字上狠下工夫。為了把毛澤東思想真正

學到手，要反覆學習毛主席的許多基本觀點，有些警句最好要背熟，反覆學習，反覆運用。在報紙上，要經常結合實際，刊登毛主席的語錄，供大家學習和運用。幾年來廣大群眾活學活用毛主席著作的經驗，證明帶著問題選學毛主席的語錄，是一種學習毛澤東思想的好方法，容易收到立竿見影的效果。

在林彪率先垂範的大力鼓吹下，全黨全軍以「林副統帥」為「毛澤東思想學得最好、用得最活」的「光輝榜樣」，以「十六字」方針為學習「毛著」的指導方針，以「老三篇」為「鬥私批修」的法寶，在中國全國城鄉掀起了一場「活學活用」的狂熱高潮。無論男女老少，無論天南地北，到處大興背「老三篇」，唱「語錄歌」地大學「毛著」的活動。

這種對號入座的學習方法，割裂了學習理論的系統性，使個人崇拜的迷信和形式主義的學風相生相長，互為補充。在「文化大革命」的特殊環境中，形成了群眾派性鬥爭相互攻訐的「語錄戰」。

林彪在迎奉毛澤東上費盡心機，連細枝末節都極其注意。每次在公共場合出現，總是提前幾分鐘等毛澤東到，然後謙卑地跟隨在毛澤東的後面，滿臉堆笑，手中揮動紅色的毛主席語錄本，連手指還夾在語錄本中，似乎是剛剛還在學習毛主席語錄。

林彪口必稱「萬歲」，手不離語錄，跟隨毛澤東背後，亦步亦趨的謙恭形象，對當時的中國人是太熟悉了。誰也沒想到，林彪其實從不看毛主席語錄，連作為道具的那本語錄，也是祕書的。出場完戲，那本語錄又轉回了祕書的口袋。

葉群在製造個人崇拜方面也是一把罩。她不僅處處樹立林彪「跟得最緊」、「舉得最高」的形象，把維護這個形象作為手下工作人員最大的政治任務，自己還獨出心裁地搞出些「表忠心」的名堂。葉群一度對蒐集毛主席像章和毛主席語錄極感興趣。她蒐集了幾千枚像章，想湊成一萬枚給毛澤東祝壽，後得知毛澤東對此並不

感興趣，這才作罷。葉群蒐集的《毛主席語錄》，堆積成山，見人就送。

在林彪一夥的表率示範作用下，全國掀起了「三忠於」、「四無限」的群眾性「造神運動」，到處修建毛澤東的雕像，搞「紅海洋」，大量的金屬被用於鑄造毛主席像章。光是1967年一年，就超量出版《毛澤東選集》8640多萬部，《毛主席語錄》3.5億冊，《毛澤東著作選讀》4750多萬部，《毛主席詩詞》5700多萬冊。這還不包括紅衛兵自行編印的大量《毛澤東思想萬歲》等，毛澤東著作的各種版本。而這年的工農業產值，比上一年下降9.6%。

而且，由宣傳個人迷信而形成的宗教儀式般的狂熱，已形成了人們日常生活的組成。人們每天早上要向毛主席像「早請示」，晚上睡覺前要對毛主席像「晚彙報」。每頓飯前都要先在毛主席像前唱「東方紅」，敬祝一番才能就餐。誰拒絕執行這套儀式，誰就是對毛澤東不忠，輕者被批鬥，重者要送監獄。林彪在把毛澤東神化到宗教迷信的地步時，他自己也成了神化的對象。樹人與樹己本是一回事情。在中國全國上下大小會議開始與結束時流行的敬祝儀式，敬祝完「毛主席萬壽無疆」後，緊接著必然是「祝林副主席身體健康」。

林彪一夥煽動起對領袖的個人迷信，與宗教迷信的不同，在於它是以「鎮壓之權」為後盾的。1967年1月，中共中央下達《公安六條》，宣布「攻擊誣衊偉大領袖毛主席和他的親密戰友林彪同志的，都是現行反革命行為，應當依法懲辦」。因為林彪跟隨毛的公共形象太過分地「謙恭」了，使許多人不禁聯想到封建王權時代的奸臣形象，一些口不擇言的人因此被定為「惡毒攻擊」罪，加以逮捕判刑。僅因對毛、林「無產階級司令部」有言論冒犯而受到刑事處理的，中國全國就有十萬多人之眾。

工於心計的林彪深知「威重震主」的道理，在毛澤東面前總是

極為小心地隱藏起自己，絕不張揚，處心積慮地扮出一副「謙虛」的樣子。

有一件事情可以典型地說明林彪的這一特點。1967年5月，毛澤東和林彪一起在人民大會堂觀看文藝演出，演出前全場照例要進行一番「敬祝」。當全場高呼完「敬祝毛主席萬壽無疆」時，毛澤東用手肘碰了碰林彪，笑著幽了他一默，說：「接著該你啦！」這時，全場又高呼起：「敬祝林副主席身體健康！永遠健康！」林彪的表情立刻變得十分尷尬。第二天，林彪就讓祕書打電話給中央文革，要求以中央文革的名義，下通知給全國，不要再喊「祝林副主席永遠健康！」的口號。林彪還口述了一封給周恩來和中央文革的信，要求在各種宣傳活動中，要「突出主席」，不要宣傳他。林彪為了表示自己的「誠意」，還繞開中共中央辦事機關，派人把他的信印了幾千份，每逢人民大會堂群眾集會，就派祕書、警衛人員到會場發放。這樣，既「突出了主席」，又表現了自己的「謙虛」，一舉兩得。

如果說林彪在神化領袖的方面不遺餘力，在迎奉毛澤東的方面對細枝末節都十分注意，那麼在具體事情上則是另一副樣子。林彪在1966年8月13日中央工作會議上表態：緊跟毛主席，「大事不麻煩，小事不干擾」。然而，在實際工作中，林彪是能推則推，能躲就躲，從不主動發表自己的見解，不擔負一點責任。正如葉群對林辦工作所規定的，林彪是「主席劃圈我劃圈」，只要毛澤東沒表態的，林彪絕不表態，千方百計地推給周總理或其他人去處理。葉群把它總結為「三不主義」，即「不負責，不建言，不得罪」。林辦的工作人員背後都稱葉群為「葉推事」。

在「文化大革命」的大動亂中，許多突發事件急如星火，軍隊作為唯一還能維護秩序的力量，需要請示林彪的事情很多。而林彪卻彷彿不在這政治漩渦中，任憑下面彙報的情況如何緊急，除非毛

澤東有了明確的態度，否則他是絕不主動處理的。

　　1967年1月，「文化大革命」進入全面奪權階段，群眾組織衝擊部隊的事件增多，軍隊已難穩定下來。作為全軍文革小組組長的徐向前和軍委祕書長葉劍英，心急如焚。徐向前幾次打電話向林彪請示，林彪都不見。無奈，徐向前只好「闖宮」，直接驅車親自找林彪。葉劍英、聶榮臻也相繼趕到毛家灣林彪住所，向林彪陳述了部隊的混亂情況，提出他們的意見。林彪歸納了他們的意見，口述了軍委命令稿。經與中央文革小組討論修改後，由林彪簽送給毛澤東，形成了穩定軍隊的「軍委八條」。

　　但是，過後不久，林彪又根據毛澤東的思路變化，實際上否定了這個旨在穩定部隊的文件。軍隊捲入「文革」後，很不適應。在中央，發生了「三老四帥」狠批中央文革的「二月逆流」；在地方，軍隊支左普遍打壓了造反派。毛澤東對這種情況很不滿意。林彪敏感地覺察到毛澤東的意圖，又制定了「軍委十條命令」，報送毛澤東。「十條命令」是支持造反派的，實際上否定了「八條命令」。毛澤東對「十條」很認可，批示「此文很好」。林彪這一行動，再次表明了他的一切緊跟毛澤東轉的政治原則。這與其他領導人的做法很是不同。

　　1966年11月13日、26日，陳毅、葉劍英、徐向前、賀龍四位元帥挺身而出，在北京工人體育場對軍隊院校師生談話，對「文化大革命」中的許多錯誤做法，提出了直截了當的批評。陳毅坦率地亮出自己的觀點，說：「我講話是有意識對準一些人的。如果光在那裡講恭喜發財，講天氣很好啊，偉大偉大呀，革命革命呀，萬歲萬歲呀，沒有幫助，那是扯謊！表示陳老總這個人不老實，不講心裡話。」陳毅的忠直和林彪一貫見風使舵的機巧，形成鮮明的對比。

　　林彪口稱搞「文化大革命」，「主席是軸心，我們做磨盤」。

然而林彪並不在意人民的利益和黨的原則，他關心的是如何投毛澤東所好，揣摩毛澤東的心理動向，曲意迎合毛澤東的錯誤，在運動中採取了明哲保身的態度。在「文化大革命」的狂瀾中，林彪的雙面人作風暴露得淋漓盡致。在群眾造反運動的潮流中，各級領導幹部接連被批判，被炮轟，被打倒的情況下，甚至周恩來也常受到中央文革江青一夥的刁難攻擊，而林彪則能以他的「三不主義」置身事外，左右逢源，保持著「跟得最緊」的「好學生」和「接班人」的形象和地位。

在公眾形象中，林彪是鼓吹毛澤東個人崇拜最力的第一人，不知該有多麼地「三忠於」、「四無限」，多麼地勤政奉公呢！但林彪在自己真實的生活裡和人們想像中根本是兩回事。

毛家灣林宅中從來不做當時盛行於中國全國城鄉的「早請示」、「晚彙報」，這在其他單位可是個對毛澤東忠不忠的態度問題。他經常讀的書也不是毛主席的書，而是一本《辭海》和一本藥典。他甚至連文件都不看，只是聽祕書講，連圈閱文件都讓祕書代筆。他對外擺出「無限忠於」的形象，不過是口是心非的表演而已，是演給毛澤東和全黨全國人民看的政治小品。從林彪住處查找出1970年4月25日葉群對林辦工作人員的指示中，就可以看出林、葉對自己政治形象的設計和包裝技巧。指示說：「一、選文件、打電話時都要提醒，言不離主席。二、首長（指林彪）參加外事活動時，也要提醒。三、你們要注意禮貌。如：接送主席，他們雖然告訴我們不要去，只去一部車到車站，我和首長還是要去。不能只想一面。他們叫我和首長先走，我們不能走，要等主席的車走了以後，我們才能離開。」

上了黨章的「接班人」

　　1966年的八屆十一中全會上，林彪成了毛澤東的接班人，實際上成為黨中央唯一的副主席。會議的選舉結果雖沒有公布，但事實上在黨內外已等於公開化了。「以林副統帥為光輝榜樣」的強勢宣傳，隨著「三忠於」、「四無限」的造神運動，遍及城鄉，深入老幼。

　　在「文化大革命」中，大多數的老領導幹部不是被打成「走資派」，就是犯了路線錯誤，不是被打倒，就是被批判，沒挨整的八屆中央委員所剩無幾。特別是反所謂的「二月逆流」之後，又一批南征北戰、功勛卓著的建國元勛們被批判，十大元帥中沒問題的僅剩林彪一人。在一片「炮轟」、「火燒」聲中，林彪以無產階級司令部的副帥身分號令天下，「緊跟」毛澤東的資望影響更是無人可及。在1967年中共中央下發了關於徵詢召開「九大」的意見的通報，第一條就提到「許多同志建議，『九大』要大力宣傳林副主席是毛主席的親密戰友，是毛主席的接班人，並寫入『九大』的報告和決議中，進一步提高林副主席的崇高威望。」這種以藉群眾之口的通報，更能產生巨大的宣傳效應。

　　1968年3月，林彪又夥同江青，探測毛澤東的思想動向，製造了「楊、余、傅」事件，打倒了代總參謀長楊成武，空軍政委余立金，北京衛戍區司令傅崇碧，進一步掃清了軍隊裡的異己力量。打倒的人越多，越能證明政治的正確。這正是那個時代的荒謬。

　　「文化大革命」的巨大動亂，使唯一能維持秩序的力量——軍隊的地位突出出來了。從1967年1月起，解放軍奉命「三支兩軍」（支持「左」派，支持工業生產，支持農業生產；軍事管制，軍事訓練）。在軍隊的維持下，各地勉強停止武鬥，成立起「革命

委員會」。1968年9月，各省市自治區全部成立了「革命委員會」，但它的主要領導成員大多是軍隊幹部，實際上是「軍管會」的變種。軍人集團的力量在動亂中崛起，正如當時所言：「地方的問題在軍隊，軍隊的問題在工作。」

1968年10月，中共八屆十二中全會在北京召開，這次全會實際是為召開「九大」的預備會。按毛澤東這時「文化大革命」搞三年，明年夏季結束的打算，「九大」可以說是「文化大革命」進入「鬥、批、改」收尾階段的大會。這自然是林彪、江青一夥認為趁機撈取政治權力的重大機會，是權力再分配的大會。因此，他們在會內會外都加緊活動。

1968年7月21日，康生親筆寫了一封給江青親啟的絕密信，送上康生排列的中共第八屆中央委員和候補中央委員的名單，訂為有問題的占總數的71%。在193名中央委員和候補中央委員裡，88人列為「叛徒」、「特務」、「裡通外國分子」、「反黨分子」，7名列為「靠邊站，尚未列入專案」，29名列為「有錯誤的或歷史上要考查的」。

參加八屆十二中全會的中央委員和候補中央委員，共59人，僅占總數的30%。而擴大進來的中央文革成員，各省市自治區革命委員會的負責人，解放軍主要負責人等多達74人。甚至還有非黨員的造反派頭頭也參加了會議。

全會一開始，就在會議組織者的安排下，分組圍攻所謂「二月逆流」的老同志，圍攻所謂歷史上「一貫右傾」的老同志。陳毅、葉劍英、李富春、李先念、徐向前、聶榮臻等不斷遭到批判，甚至有時連請假寫檢討也不被允許。

康生給這些老同志扣上「反毛主席」、「否定延安整風」、「為王明路線翻案」等罪名。

江青把中央文革搞亂軍隊的罪責，轉嫁給這些為穩定黨和軍隊而抗爭的老同志，顛倒黑白地誣衊陳毅、葉劍英、徐向前等人「亂軍」。

　　謝富治攻擊說，「朱德同志從到井岡山的第一天起就反毛主席」，「劉（少奇）、鄧（小平）、朱德、陳雲都是搞修正主義的」。

　　黃永勝誣衊朱德為「老右傾機會主義分子」、「有野心」、「想當領袖」；誣衊聶榮臻「一貫搞山頭主義，搞獨立王國，突出他個人，搞反動的多中心論」；誣衊葉劍英是「『二月逆流』的俱樂部主任」；誣衊徐向前「沒有做過有益於黨和人民的事」。

　　吳法憲當面對朱德說：「你當了一輩子總司令，實際打仗的都是毛主席，因而你是個黑司令，不是紅司令。」

　　在全會上批判這些老同志的目的，是要搞臭他們，破壞他們的威信，消除他們的政治影響，為開「九大」時不把他們之中的多數人選進政治局而做輿論準備，實際上是為「九大」的召開定政治調子。各地在傳達全會精神中，大多點名批判了參加所謂「二月逆流」的老同志。黃、吳、葉、李、邱利用他們控制的軍委辦事組，把攻擊老帥們的資料擴散到軍隊系統和有軍代表的地方單位。

　　10月20日，林彪在全會上談話，竭力歌頌「文化大革命」，「成績最大最大最大，損失最小最小最小」。他宣稱「二月逆流」是「十一中全會以後發生的一次最嚴重的反黨事件」，是「資本主義復辟的預演」。

　　10月26日，林彪又談話美化「文化大革命」。他大講歷史上有四次文化大革命：「第一次是希臘羅馬的古典文化，影響兩千年。……但跟我們這次比較起來，微不足道。是小巫見大巫，沒什麼了不起的。」「第二次是資產階級的義大利的文化，到十四、五

世紀，以文藝復興進入了繁榮時代。」「第三次是馬克思主義。」「這三次都沒有毛主席領導的這次文化大革命偉大。這次文化大革命是世界上最大最大的一次。」中國是「世界上最有影響的國家」。

林彪這些新提法，再一次表現了他在推行「左」傾理論方面的創造力。在當時的歷史條件下，人們並沒有意識到林彪對世界歷史知識的無知，更沒有抵禦「左」傾理論的思想能力，而是認為林彪有水準，有創見，有新意。

全會通過了江青、康生、謝富治等搞的假資料，《關於叛徒、內奸、工賊劉少奇罪行的審查報告》，從組織手續上完成了打倒劉少奇的程序。

1969年4月1日，中共「九大」在北京舉行。這次大會採取了特別嚴格的保密措施，代表們不准外出，不准會客，不准寫信，不准打電話，不准透露會議情況。開會時，代表們從地下通道進入會場。會議自始至終籠罩著狂熱的個人崇拜氣氛，在開幕典禮上，毛澤東一出現在主席台，全場就「掌聲雷動，經久不息」，長時間地高呼「毛主席萬歲！萬萬歲！」有的代表情不自禁地手揮「紅寶書」，跳起了「忠字舞」。毛澤東一開口講話，便全場響起雷鳴般的萬歲聲。毛澤東一個簡短的開幕詞，竟被萬歲聲打斷十數次。在小組討論會上，時時把討論的發言變成了集體跳起「忠字舞」來，一些年齡很大的代表也跳個不停。

毛澤東在大會開幕詞中提出，要開成「團結的大會，勝利的大會」。這也從另一方面說明「文化大革命」已使得黨內團結和各項工作形成了嚴重問題。

大會先通過主席團名單，推舉大會主席。這時，毛澤東搞出了個戲劇性的場面，他突然提出：「我推舉林彪同志當主席。」林彪

馬上驚慌地站起來，大聲說：「偉大領袖毛主席當主席！」毛澤東又說：「林彪同志當主席，我當副主席，好不好？」林彪緊張地連連擺手，「不好！不好！毛主席當主席，大家同意的舉手。」全場立即舉起手來。於是，毛澤東沒再推辭，並建議林彪任大會副主席，周恩來任祕書長。

「九大」主席團的排列也頗耐人尋味，在毛澤東左邊就座的是林彪、陳伯達、康生、江青等「文化大革命」代表人物，在右邊就座的是周恩來、董必武、劉伯承、朱德等老同志。

林彪在大會上代表中共中央委員會做政治報告。按黨內慣例，宣讀政治報告都是黨內第一、二順位的事情，表明了林彪在黨內的突出地位。

「九大」通過的《中國共產黨章程》，肯定了對毛澤東的個人崇拜，而且高度評價了林彪。「總綱」中寫道：「林彪同志一貫高舉毛澤東思想偉大紅旗，最忠誠、最堅定地執行和捍衛毛澤東同志的無產階級革命路線。林彪同志是毛澤東同志的親密戰友和接班人。」把林彪作為接班人，堂而皇之地寫入黨章，在現代政黨史上是前所未有的創舉。這是權力承繼關係向封建化的倒退。

江青、康生為把林彪寫入黨章，不遺餘力地鼓吹。江青在「九大」前夕一次討論黨章的會上，說：「林副主席的名字還是要寫上，寫上了，可以使別人沒有覬覦之心！」康生在大會發言中說：「新黨章明確規定林彪是毛主席的接班人，是關係我們黨和國家前途和命運的大事，關係世界革命的前途和命運的大事，是我們黨和國家永不變色，徹底進行社會主義革命和建設，永遠沿著毛主席革命航道勝利前進的根本保證。」

九屆一中全會選舉出新的中央領導機構。林彪當選為副主席，陳伯達、康生成為政治局常委。林、陳、康占據常委五席中的三

席。江青、葉群、黃永勝、吳法憲、李作鵬、邱會作、謝富治、張春橋、姚文元當上了政治局委員。在二十一名政治局委員中，林彪、江青及其追隨者占據多數地位，在黨中央裡掌握了很大的權力。

林彪的勢力和權力地位在「九大」發展到了「頂峰」。

經過十幾年的經營，林彪從整倒了羅瑞卿、賀龍，到批「二月逆流」的老帥們，可以和林彪抗衡的主要對手都被他一一剪除了，林彪在通往最高權力道路上的主要障礙已基本清除。林彪名正言順地成了寫入黨章的法定接班人。

林彪透過「文化大革命」，形成了自己的班底，軍隊的主要權力基本掌握在林彪及其親信手裡。其主要成員在「九大」進入了中央政治局，開始由軍權向黨權過渡。而且，透過「三支兩軍」的工作，從中央到地方的各級黨政權力都掌握在軍隊手裡，林彪軍人集團能夠控制的實際權力大大膨脹。這樣，從軍內到軍外，從中央到地方，已開始形成了以林彪為首，以黃、吳、葉、李、邱為主要骨幹的幫派體系。林彪集團到達了鼎盛時期。

三、「無產階級司令部」的宗派政治

1970年5月14日，中共軍委辦事組黃、吳、葉、李、邱等人同遊十三陵、八達嶺長城，以紀念三年前發生的「北京展覽館武鬥事件」。1967年5月13日，軍內在京文藝團體中得到吳法憲、李作鵬、邱會作、葉群支持的一派群眾組織，以紀念毛澤東《在延安文藝座談會上的講話》發表二十五週年為名，不聽總政領導人不要一派單獨演出的勸告，在北京展覽館劇場演出《長征組歌》，遭致對立派群眾組織的衝擊，劇場發生嚴重衝突，傷數十人。是為「五·一三事件」。林彪、葉群等藉這一事件壓垮了軍內的造反派，總政主任蕭華被打倒，總政機關癱瘓。1970年5月14日，吳法憲、李作鵬、邱會作寫信給葉群，稱：「三年前的今天，爆發的政治流血事件是一件大壞事，但也是軍隊無產階級文化大革命一個重大的轉折點，它揭開了砸爛以蕭華為代表的總政閻王殿鬥爭的序幕，加速了三軍大聯合。」「當『五·一三』事件三週年的時候，永遠牢記您對我們的直接領導、幫助和支持。」圖為黃、吳、葉、李、邱等人在八達嶺長城上的合影。左起：黃永勝、邱會作、吳法憲、李作

鵬、陳綏圻（吳法憲夫人）、葉群、胡敏（邱會作夫人）。

「路線鬥爭」的宗派體系

　　林彪的宗派體系是在「文化大革命」的動亂中形成起來的。

　　林彪於1959年主持軍委工作後，就有意識地在軍隊中培植自己的勢力，把自己的親信提拔到重要部門，委以要職。林彪一上台就提名邱會作任解放軍總後勤部部長，並強行指定為總後黨委第一書記。1962年，林彪以加強海軍領導的名義，派李作鵬到海軍任常務副司令。1965年，空軍司令員劉亞樓病故，林彪立即搶先提吳法憲任空軍司令。他們在林彪的支持下，在各自的部門中搞了許多拉幫結夥、排斥異己的活動。如李作鵬在海軍搞小組織活動，打擊排斥海軍司令蕭勁光。但是，那時老帥們還在台上，中央領導機制還健全，對他們有所批評，使他們有所顧忌，不敢做得太甚。

　　林彪的宗派體系是從打倒羅瑞卿開始形成的。

　　1965年12月上海會議和1966年春北京京西賓館會議的兩次「倒羅」會上，吳法憲、李作鵬、邱會作等人在林彪、葉群的策劃下，一齊上陣，誣衊羅瑞卿是「篡黨、篡軍、篡國的大陰謀家、大野心家、大危險人物」，為打倒羅瑞卿立下了汗馬功勞。黃永勝在廣州軍區任職，未能參加這場「倒羅」之戰，便寫信給葉群，攻擊羅瑞卿是「十足的偽君子、大陰謀家、大野心家」。過後，黃永勝還對未能在「倒羅」上立功而後悔不已，向林彪當面表態緊跟。林彪從這場「倒羅」鬥爭中，看到了他們的忠誠，視為心腹幹將。他們積極投靠林彪，成為林彪宗派集團的骨幹成員。

　　「文化大革命」的動亂，使林彪有機可乘，得以最後形成自己的宗派勢力。

「文化大革命」把林彪推上了一人之下，萬人之上的崇高地位。林彪有毛澤東的「好學生」、毛澤東思想紅旗「舉得最高」的名聲，「副主席」、「接班人」的地位，不僅他的個人野心膨脹，而且攀附於他的追名逐利之徒，大大小小的個人野心家也如過江之鯽。林彪在說「文化大革命」時，總是大談其「大罷一批，大升一批」的幹部路線，這是林彪對軍隊必須支持「文化大革命」的表態，也可以理解成是一種帶威嚇性或誘惑性的暗示。林彪所提出的幹部升罷標準，是「高舉不高舉毛澤東思想偉大紅旗」，「突出不突出政治」，除此以外的其他問題是小節問題。「小節無害」是林彪一再強調的幹部路線，不管這個幹部私生活有多麼亂，多麼腐化，只要緊跟毛澤東就是有大節，就是政治好的幹部。而「舉得最高」、「學得最好」的是林彪，他對誰是否是「高舉」了，「突出」了的認定，最有權威性。這樣，林彪集政治權力與是非標準於一身，保誰和倒誰全在於他的「金口玉言」之中。

「文化大革命」開始後，黃、吳、李、邱在各自的單位中都受到了群眾不同程度的衝擊。林彪、葉群在關鍵時刻，出面保護了他們。

黃永勝是廣州軍區司令員。1967年1月，廣州軍區的一些幹部群眾起來造反，炮轟黃永勝。1月28日，黃親自打電話向林彪告急，林彪立即讓葉群把黃召來北京，保護起來。

吳法憲在「文化大革命」剛開始時，把反對他的空軍一大批高階幹部打了下去。但不久，空軍院校的學生和空軍機關很大一部分人起來造反，他嚇得不敢公開露面，跑到一座山洞裡躲。恰恰這時，空軍一支部隊擊落了一架臺灣的美製無人駕駛飛機，葉群立刻跑到造反群眾面前說：「你們知道這飛機是怎麼打下來的？是吳司令指揮打下來的！你們天天要揪他，以為他嚇得不知跑到什麼地方去了，其實，他是受了主席和林副主席的委託，一直在戰備指揮所

裡指揮對敵作戰。」葉群煞有介事的這些話，給吳法憲解了圍。吳法憲也依靠林彪、葉群的撐腰，在空軍內部明目張膽地組織起保自己的隊伍。

李作鵬在海軍也有強大的對立面，日子也不好過。1967年4月的一天，李作鵬正在會場上被群眾批判，葉群得知這個消息，馬上打電話到會場，編造謊話說，林彪要找李作鵬談話。待李作鵬到林宅毛家灣後，林彪、葉群火速把他送到京西賓館，祕密保護起來。林彪還出面保李，說李是「高舉毛澤東思想偉大紅旗的」、「突出政治的」、「反對羅瑞卿是有功的」。

邱會作被群眾組織揪著不放，除了執行「資反路線」的問題外，還有私生活問題。邱的私生活不好，「文化大革命」前，羅瑞卿專門開會要處理他，是林彪把他保了下來。「文化大革命」中，邱會作是在黃、吳、李、邱裡挨批鬥最厲害的。第二軍醫大的學生們把邱關押在總後大院裡，他還挨了打。邱會作和其妻胡敏向林彪、葉群苦苦告救。1967年1月24日晚，葉群手持著由林彪、陳伯達共同簽署的條子「立即放出邱會作」，親自出馬到總後大院，從群眾手中把邱要出來，並立即送到西山保護起來。邱會作一被救出來，就撲通給葉群跪下，痛哭流涕地說：「葉主任，你可救了我啊！……」

林彪看到這些老部下的處境不妙，便親自出面保他們。1967年3月25日，林彪在軍隊高階幹部會上談話中說：「如果不是文化大革命，空軍就會被壞人奪了權。……海軍主持工作的幾個人也會被奪權。……總後也是這樣。」「邱會作同志小偷小摸的事有，應該燒，但邱會作是個好同志。」

儘管林彪出面說了話，但空軍中反吳，海軍中反李的力量還是很大，總後打倒邱會作的呼聲仍然很高。林彪就收過有總後機關大多數人簽名，堅決要求打倒邱會作的誓師書。

1967年5月13日的北京展覽館武鬥事件，是他們徹底擺脫困境的轉折點。

　　1967年4月，葉群接見了空政文工團的演員劉淑媛等人，支持她們搞派性演出。劉等人串聯了空政文工團、海政文工團、戰友文工團、二炮文工團等駐京軍隊文藝團體中相同觀點的人，聯合排練節目，籌備慶祝《毛澤東在延安文藝座談會上的講話》發表二十五週年的文藝演出。

　　總政和全軍文革小組明確要求，要以文工團為單位，同台演出。這是為了消除兩派群眾對立的矛盾衝突，促進他們的聯合。

　　另一派人數眾多，並和各大學的著名造反組織聯繫密切，揚言：「他們膽敢搞『聯合演出』，我們就去衝。」

　　演出的這一派雖然人數單薄，但在吳法憲、李作鵬的支持下，並不示弱，堅持按期演出。他們於5月13日晚，撇開另一派，在北京展覽館劇場搞聯合演出的試演。另一派就來砸會場，一些地方院校群眾組織也趕來支持。兩派發生小型武鬥，傷了數十人。

　　事件發生後，葉群帶著吳法憲、李作鵬、戚本禹等人到醫院，代表林彪慰問演出一派的受傷人員，而對另一派的受傷人員毫不理睬，明顯地表示了傾向。

　　林彪、葉群把吳法憲、李作鵬、邱會作稱為「三軍無產階級革命造反派」的領袖，提高了他們的政治身價。而把另一派稱為「衝派」，給予巨大的政治壓力。同時，在北京貼滿了打倒總政主任蕭華的大標語、大字報，指責蕭華是「五·一三事件的黑後台」。這也是葉群背後策劃指使人幹的。

　　6月9日，林彪又到人民大會堂觀看了「三軍」的文藝演出。新華社為此特地發了消息。

　　6月10日，在葉群授意下，空軍、海軍、二炮等單位數千人到

總後大院遊行，支持邱會作「站出來」。

不久被稱為「衝派」的群眾組織也聯合起來，稱「首都三軍」，即「新三軍」。新老三軍為取得「無產階級司令部」的支持，都在準備「七一」文藝演出。這是決定勝負的關鍵。

「七一」前夕，兩派文藝團體同時在兩個地點演出，同時都向「無產階級司令部」發出了邀請，希望他們光臨。林彪只看「老三軍」的演出，讓「新三軍」坐了冷板凳，這實際上等於宣告不支持「新三軍」。在「文化大革命」中，哪派群眾組織得不到「無產階級司令部」的支持，就失去了生存條件。「新三軍」很快就瓦解了，「老三軍」取得了勝利。但真正的勝利者不是群眾組織，而是在幕後操縱他們的人。葉群對自己的這一「傑作」非常得意，說：「解決軍內部這麼大的亂局，首長沒講一句話，只看了一場戲，就把『衝派』壓垮了。」

「五·一三事件」搞癱了總政，搞垮了全軍文革小組，總政主任蕭華被打倒。吳法憲、李作鵬、邱會作成了「無產階級革命派」，開始了奪總政權的一系列活動。當時流傳著「全國看北京，北京看軍隊，軍隊看『三軍』」的話，可見他們的影響力之大。邱會作給葉群寫信時說：要「藉『五·一三』事件這個東風作為改變我們形勢的偉大力量」。

1967年7月17日，經毛澤東批准，周恩來與林彪商定，成立了一個「看守小組」，又稱「四人小組」。小組成員有吳法憲、葉群、邱會作、張秀川（李作鵬隨毛澤東外出，海軍由張出任），吳法憲任組長。它接受中央文革小組領導，列席中央文革的碰頭會，負責看管總政，負責駐京部隊、機關的「文化大革命」運動。當時這個組織對外不公開，只是在17日的中央文革碰頭會上宣布了一下，便在京西賓館開始辦公了。

因為全軍文革小組垮了，總政癱瘓了，「看守小組」就成為領

導軍隊文革的合法機關。吳法憲、李作鵬、邱會作的地位徹底鞏固下來了，林彪控制空軍、海軍、總後的意圖得以實現。

「看守小組」一成立，就發生了武漢「七二〇」事件。中央文革的王力在武漢因支持一派、壓一派而引起武漢軍民的不滿，挨了打。林彪藉機大作軍隊的文章，他對《解放軍報》的李訥等人說：「要突擊，要戰鬥，徹底砸爛總政閻王殿！」總政因而被搞垮。四名正副主任、四十多名正副部長被揪鬥，總政副主任袁子欽等十七人被迫害致死。10月，林彪宣布對總政實行軍事管制，吳法憲為軍管組領導人。出現了由軍隊的一部分人管制起軍隊最高政治機關的奇特現象。

林彪在1967年8月9日的談話中說：「亂有四種情況，……壞人鬥好人，像北京、海軍、空軍、總參、總後就是這樣，好人挨整，吃了苦頭，嘗到了甜頭。……邱會作同志被搞了一個多月，幾乎被整死。李（作鵬）、王（宏坤）、張（秀川）也是被整，吳法憲也是這樣。過去你們吃了苦頭，現在嘗到了甜頭。」林彪號召，要像邱會作、吳法憲那樣，壞人整你時，「要沉住氣」，「就是踢翻了天，也能夠撐過來」。10月19日，中共中央將林彪的這個談話批轉各省市和各軍區。

在「文化大革命」的動亂環境下，今天是台上首長，明天就可能是被打倒的「黑幫」，保誰和造誰的反難以分辨出眉目來。林彪是「無產階級司令部」的「副統帥」，一言九鼎。他在「八·九」講話中宣布吳、邱、李、張、王是好人，整他們的人是壞人，就把他們劃歸於「無產階級司令部」的範圍裡了，反對他們即是反對林彪，反對「無產階級司令部」。從而，他們結成了林彪帳下的宗派體系，牢牢控制了總政、總後、空軍、海軍等重要單位，掌握住軍隊「文化大革命」的領導權。中央文革的辦事人員也幾乎全部換為「三軍無產階級司令部」的人。

「五・一三事件」是林彪宗派集團形成發展的一個重要轉折點。透過「五・一三事件」，他們從聲氣相通的契合，形成利益與共的實體組織，完全控制了軍隊「文革」的主動權，打垮軍內造反派，使軍隊成了林彪宗派體系的一統天下。

打、拉、罷、升的權力遊戲

「文化大革命」中有許多撲朔迷離的事件，至今還難以說清楚其來龍去脈。1968年3月24日發生的「楊、余、傅」事件，就是其中一例。代總參謀長楊成武、空軍政委余立金、北京衛戍區司令傅崇碧被莫名其妙地打倒了，在這個事件背後，林彪、江青等人搞的一些小動作，也產生了很大的作用。

1967年8月17日，中央軍委決定，「四人小組」改為軍委辦事組。9月24日，軍委辦事組成立，楊成武任組長，吳法憲任副組長，成員有葉群、邱會作、李作鵬。但很快地，楊成武就不被「無產階級司令部」信任了。

林彪對楊成武不滿，是認為對他不忠。早在1967年3月，林彪就告訴楊成武，不要再給葉劍英等老帥送文件，楊請示周恩來後，仍然照送。1967年秋，毛澤東視察三大區，楊成武隨行。返京後，楊成武曾向一些老帥傳達了毛澤東在外地期間對他們的評論。毛澤東對林彪也有說法，說「封了我四個官」（按：指林彪提出的「四個偉大」）。葉群多次向楊打聽毛澤東說了林彪什麼，楊成武一直迴避沒回答，這也引起林彪的猜疑。楊成武被任命為軍委辦事組組長後，宣布辦事組對軍委常委負責，重大問題要向常委請示彙報。楊成武按周恩來的指示，對老帥們採取了一些保護措施。這在林彪看來，都是楊懷有二心的表現。

江青對楊成武不滿，是認為楊掌握了她在1930年代歷史的一

些資料，別有用心，想釣她的大魚。

另外，空軍黨委辦公室內部的派系鬥爭，空軍司令吳法憲與政委余立金的矛盾，都糾纏在一起，牽扯到楊成武，成為楊成武被打倒的另一個因素。空軍黨辦以主任王飛、科長周宇馳為首的一夥，倚仗有林立果、葉群的後台，狀告余立金的祕書有私生活問題，該祕書因此被關押。這件事牽涉到楊成武的女兒，楊成武聞訊後，批評吳法憲亂抓人。吳向林彪告狀，說楊成武勾結余立金奪空軍的權。林彪支持吳法憲，說余立金是叛徒，要吳法憲頂住楊成武。

傅崇碧在「文化大革命」中，按周恩來的指示，保護了一批老幹部，對江青一夥的所作所為暗中掣肘，引起江青等人的嫉恨。他們對首都的衛戍大權不放心，勢必也要拿傅開刀。

此時，毛澤東急於穩定北京軍內，統一軍隊內部分歧，進而用軍隊穩定全國局勢，所以對軍隊出現的這些問題看得很重，遂決心拿下楊、余、傅。

1968年3月24日，林彪主持召開駐京軍隊團以上幹部大會，林彪在會上發表了長篇談話，說楊成武搞山頭主義，排擠晉察冀軍區以外的幹部，只相信和他關係密切的人；搞雙面人，兩面三刀；曲解馬克思主義，政治品質很壞，整江青的黑資料等。江青在談話中製造了楊成武三次指示傅崇碧「武裝衝擊中央文革」的謊言。陳伯達談話說楊成武是「王、關、戚的後台」，揪出楊來是「文化大革命」的第五次勝利。康生談話說楊成武為「二月逆流」翻案。毛澤東在會議結束時，上台接見全體與會人員，表示是他做出對楊、余、傅的處理決定。

「三·二四」大會第一次在軍隊正式會議上把老帥們趕下主席台，第一次正式向群眾宣布了「二月逆流」，並實際上剝奪了老帥們對軍委的領導。會後開始了反「右傾」，北京城裡出現許多揪楊、余、傅「黑後台」的標語，影射攻擊老帥們。黃、吳、李、邱

等人還組織人，搞老帥的黑資料。

3月25日，軍委辦事組改組，林彪提名黃永勝任組長，吳法憲任副組長，組員有葉群、邱會作、李作鵬等。3月27日，林彪在工人體育場的十萬人大會上，宣布黃永勝任總參謀長。不久，中央決定軍委常委不再開會，辦事組取代了軍委常委會的職能，原來領導軍委工作的老帥們全部靠邊站了。4月1日，吳法憲宣布，軍隊重要文件今後不再抄送陳毅、徐向前、聶榮臻、葉劍英、劉伯承。此後，老帥們只能看到縣團級的文件，被排斥在軍隊領導工作之外。

新的軍委辦事組的成立，使林彪對軍隊的控制更加合法化，也更加宗派化了。林彪、葉群和黃、吳、李、邱的關係結合得更加緊密，成了利害交關、榮辱與共的幫派體系，標幟著林彪宗派集團的最後形成。

這個宗派集團是以向林彪個人效忠為基礎的。林彪的馭下手段是恩威並施，一方面是「誘以官、祿、德」的懷柔；另一方面是不聽話者必除之的決絕。羅瑞卿、楊成武都是林彪提名任總參謀長的，一旦發現他們「心有異志」，不聽他話了，就毫不留情地收拾掉他們。林彪不僅因為黃、吳、李、邱是他的老部下，還因為他們在權力鬥爭中表現出的忠誠，而視為他的心腹幹將。1969年1月底，林彪對他們說，「你們這條線是信任的，另外一條線是不相信的」，「應團結起來」，「共同對敵」。黃、吳、李、邱由於林彪在關鍵時刻保護了他們而感恩戴德，更想攀附於林彪這棵「接班人」的大樹上，謀求更多的權力地位。這些從十幾歲就參加革命，在槍林彈雨中滾爬出來的將領們，走到了宗派政治的邪路上。他們把對敵鬥爭的兇狠，施之於過去生死與共的戰友身上，把對黨的忠誠，投之於對林彪家族的效忠上。

林彪在關鍵時刻保護了黃、吳、李、邱，並把他們提拔到總長、副總長的重要位置上，授予重任。黃、吳、李、邱對林彪感恩

戴德，報效以犬馬。黃永勝表示「任何時候都要忠於林副主席」。林彪在「文化大革命」中兩次保吳法憲，吳當著林彪的面大哭，高呼林彪「萬壽無疆」。李作鵬發誓說，「林副主席活著跟他幹，生與林副主席同生，死與林副主席同死」。邱會作更是對林彪、葉群的救命之恩感激涕零，發誓「永遠忠於林副主席」，「海枯石爛不變心」。在1970年「五·一三事件」三週年時，吳、李、邱給葉群寫效忠信，說，「這個勝利應歸功於林副主席的親切關懷和教導，歸功於葉群的關懷和支持」。次日，黃、吳、葉、李、邱特地同遊長城，互相贈詩題詞，合影留念。

在路線鬥爭的名義下，他們以「醫療為政治服務」的名義，對羅瑞卿進行非人道的批鬥和醫療迫害，致使羅致殘。賀龍元帥、海軍參謀長張思之、總後副部長傅連暲等一批高階將領也被迫害致死。

為了使軍隊完全聽命於他們的控制，他們在軍隊許多重要部門和單位迫害了大批幹部。黃永勝製造了「廣東地下黨」和廣州部隊「反革命集團」兩個冤案，誣陷迫害了大批幹部群眾，副省長林鏘雲和文年生被迫害致死。吳法憲在空軍誣衊副司令員成均是「賀龍的死黨，是一個地地道道的反革命分子」，誣陷一些領導幹部要「奪權」。批准關押審查空軍幹部群眾174人，其中有張廷發、黃玉昆、聶鳳智等軍以上幹部33人。南京空軍參謀長顧前、空軍學院副教育長劉善本被迫害致死。李作鵬在海軍點名誣陷迫害120名幹部。邱會作在總後私設監獄，刑訊逼供，迫害幹部群眾462人，總後副部長湯平等8人被迫害致死。

林彪是黨的副主席，又是主持軍隊工作的，從搞掉羅瑞卿，到搞掉賀龍，到反「二月逆流」，到這次再搞掉楊、余、傅，軍隊中再沒有可以和他分庭抗禮的力量了，政治實力大大增強。在打一批，拉一批，罷一批，升一批的權力角逐中，林彪確立了自己宗派

集團的地位，其成員已牢牢控制了軍隊的大部分重要領導崗位。黃永勝擔任了總參謀長，吳法憲、李作鵬、邱會作擔任了副總參謀長，並分別兼任空軍司令、海軍第一政委、總後勤部部長的要職。在「九大」中，黃、吳、葉、李、邱又進入中央政治局，由控制軍權進而有了部分黨權，在中央得到了相當的權勢和地位。在各省市還有一批忠實的追隨者，形成了以林彪、「紅雙一」、「四野」為軸心的軍政體系。有些地方軍政大員還直接與林家子女掛起鉤來，以為進階。

政治家庭的家庭政治

　　林彪集團（簡稱林集團）的突出特點，在於它具有濃厚的封建家族性。葉群是林集團的一個關鍵人物。林彪任國防部長，主持軍委工作後，於1960年6月任命葉群為林彪辦公室主任。

　　「文化大革命」是所謂「兩個司令部」的路線鬥爭，它在理論上的謬誤和實踐上的混亂，使「緊跟毛主席的革命路線」的「劃線站隊」，實際上是和跟什麼人聯繫在一起的。在個人崇拜盛行的「盲信盲從」情況下，作為和「無產階級司令部」領導人朝夕相處的夫人們，就有了特殊的地位。她們倚仗與「首長」密不可分的身分，成了他意志的直接傳達者，也具有「無產階級司令部」的權威性。而下面的人就會把對她們的態度，作為對領袖本人的態度，擁戴奉迎，使夫人政治的現象得以出現。

　　葉群表面給人以熱情殷勤的樣子，實際是一個十分虛偽，權勢慾極強的女人，喜歡耍小手段，動不動就撒謊使詐。對於葉群口是心非、虛偽成性的人品，林辦的工作人員都領教過，就連她的兒女對她的品行也表示反感，還和祕書們一起議論她。林彪有病，身體很差，狀態好時，每天也就是聽祕書講半個小時的文件，很多事情

並不親自過問,會議一般也不參加。葉群就代表他出頭露面,參加中央文革碰頭會等重要會議,林彪需要透過她得到外界的訊息。葉群就趁機搞了許多自己的名堂。葉群做的有些事,連林彪也不清楚,像是「文化大革命」中,葉群趁機巧取豪奪,搞了許多字畫的事情等。

葉群在誣陷打倒羅瑞卿、賀龍、蕭華、楊成武等活動中,動了大手腳。在林集團迫害大批幹部、攫取權力的罪惡勾當中,葉群發揮了很關鍵的作用。聶榮臻元帥在他的回憶錄中說:「『文化大革命』中,葉群為林彪出謀劃策,出了許多壞點子。這也是造成林彪野心膨脹的原因之一。」

例如在打倒楊、余、傅的問題上,葉群背後支持吳法憲整余立金,搞楊成武的鬼,表面上又對楊、余表示親切。就在她與江青商定好打倒楊、余後,還假惺惺地派祕書和兒子林立果到楊家探視楊成武的病情,表示關心。

林彪與葉群的關係十分微妙,林彪曾為葉群親手題了不少條幅,像:「生不同衾死同穴,髮不同青心同熱。」「天馬行空——書贈愛妻良友葉群,死後骨灰同葬,以念親密相處。」葉群也給林彪回贈了自己手寫的條幅,像:「教誨恩情報不盡,天長地久永相隨——書贈林副主席。」這些條幅都掛在他們的臥室中。這種特別親密的「恩愛」表示,正是說明了他們夫妻關係的極不正常狀態。林彪身體狀況不允許他有正常的夫妻生活,他們的關係正如葉群所說,是「政治夫妻」關係,相互題詞無非是對無奈婚姻的一種補償。1961年11月,葉群寫了篇日記,惡毒咒罵林彪毀了她的青春,伴林彪如同伴殭屍。她寫道:林彪是「一個專門仇視人,輕視(友情、子女、父兄)人,把人想得最壞最無情,終日計算利害,專好推過於人們,勾心鬥角相互傾軋的人」。事實上,他們的家庭生活也的確充滿了冷冰冰的政治氣息。葉群是個極不安分的女

人，貪婪、虛偽、精神空虛，又權迷心竅，喜歡出頭露面，經常耍些陰謀手段。但她素質太差，時常會捅些紕漏，林彪知道了就訓她。她有時在林彪面前大哭大鬧，有時又給林彪下跪求饒。林彪也不客氣，有時就把她轟出去，讓警衛守著門，幾天不讓葉群見他。

「文化大革命」使葉群嶄露頭角，她得以參加一些重要會議，得以在各種公開場合大出風頭。葉群受江青狂妄自負的影響很大，她說：「首長（指林彪）學主席，我要學江青。」個人野心大而道德操行差的毛病，隨著地位上升而極度地膨脹起來。

葉群的地位資望都很有限，僅是師職幹部，只有依靠林彪才能有所作為。她又不願意受林彪的控制，經常瞞著林彪搞些名堂。林彪也有所察覺，寫下「說話莫囉嗦，做事莫越權」的紙條，讓人貼在葉群的門上。林彪深居簡出，不接觸實際情況，就連文件也不親自看。葉群對付他採取了封鎖的辦法。葉群私下曾說：「要把林彪供起來，只要他不病倒就行。」所有送交給林彪的文件、什麼人要見林彪，都得經過她的批准。林彪的意見、指示、批示，也要由她把關。她把林辦的工作人員組織起來一起瞞騙林彪。1968年2月，葉群教訓林辦工作人員說：「撒謊有雙重性，有革命的撒謊，也有反革命的撒謊。為了革命，撒謊也是必要的。」她還警告林辦的祕書們：「你們當祕書的要注意，不要在這類問題上挑撥我和首長的關係。」葉群還做了個假溫度計放在她房間門口，林彪要找她，一看溫度相差好幾度，怕感冒，就不去了。

葉群也擔心林彪身體完全垮了，自己失去依靠，她多次對人說：「你看他那身體還能活幾天？」她為了鞏固自己的權勢地位，時時拉攏一些人，結交權貴。陳伯達和黃、吳、李、邱這些人都是由她出面籠絡，而他們與林彪的聯繫要透過葉群，自然把葉群當作林彪的化身。毛家灣與釣魚台的聯繫，也是她從中聯絡斡旋。她在搞這些活動時，摻雜了許多自身的利害因素，搞了許多小動作。

林彪與葉群的關係如此之微妙，所以不能把葉群的所有言行都看成是林彪的旨意。葉群所說的話、所做的事，有些是林彪指使的，有些是他倆合謀的，有些是葉群自作主張，林彪事後默認的，還有些是葉群背著林彪做的，事後林彪也不知道。但在大的問題上，葉群是迴避不了林彪的。在總的方面來說，林彪對葉群的所作所為是難脫其咎的，例如「九大」葉群進政治局事情，就是一個例子。

　　「九大」時，江青、葉群都想進政治局。毛澤東曾幾次提出「不准江青進政治局」，林彪也表示不讓葉群進入政治局。中共中央醞釀政治局候選人的工作團隊由周恩來、康生、黃永勝三人組成。江青進不了政治局，葉群就更進不去，所以她極力擁護江青，江青也極力推舉葉群進政治局，葉群能進，她作為「文革旗手」，就更有資格進了。在中共九屆一中全會正式選舉的前一天，最後商定政治局候選人名單，把江青、葉群都列進去了。名單要先報送給毛澤東、林彪徵求意見。葉群怕林彪把她劃掉，就請兒子林立果幫忙。當周恩來要派人送名單給林彪看時，林立果按葉群的意思，騙總理說林彪正在出汗，不看名單了。名單雖然通過，林彪如果真認為葉群不該進政治局，同樣可以阻止。但林彪在聽祕書特地強調葉群列進政治局候選人時，毫無表示，在會議上也沒有提出反對意見。

　　「九大」後，葉群進了政治局，有了政治地位，更加狂妄，對林彪也敢公開頂撞了。有一次，林彪要找她，喊道：「葉群呢？」葉群則高聲訓斥他：「你叫喚什麼！」1970年以後，林彪的身體愈發不好，在許多事情上都聽葉群的。一次葉群正在看電影，內勤慌慌張張地跑來告訴她：「首長口裡有口痰，讓問問主任，吐不吐出來？」葉群不耐煩地說：「告訴他吐出來！」嘴裡還嘟囔了好一會兒。九屆二中全會前，林彪給毛澤東打電話，談設國家主席的問題，就是葉群出的點子。

葉群不但自己熱中於搞「夫妻店」，還把自己的宗派體系都搞成這個模式。1968年5月，葉群提名，將吳法憲妻子陳綏圻從民航總局調到空軍，任吳的辦公室主任。黃、李、邱等其他人，也都把妻子從各自的單位調來，任自己的辦公室主任。一時間，「夫妻店」這種工作模式極為盛行。

林彪家原有五口人，大女兒林小琳為林彪的前妻所生。「文化大革命」初期，在哈軍工上學的林小琳參加了「保守派」，葉群以林彪的名義寫了個聲明，稱：小琳一貫反對林彪，對她在外的一切言行概不負責。之後，又讓吳法憲派人把她送到大西北的軍事基地。

葉群與林彪生的一對兒女，林立衡（小名豆豆）和林立果（小名老虎），是由老保姆王淑媛一手帶大的。兒女們自懂事起就不再稱葉群媽媽，而直稱她的職務——主任。但他們對父親尊重，有感情。葉群控制慾極強，卻又施愛無方，兒女對她感情淡漠，特別是母女關係一直很緊張。這裡固然有陸定一夫人嚴慰冰寫匿名信挑撥的事情，但說到底還是她們自己相處的問題。她經常打罵女兒林豆豆，以至於林豆豆懷疑自己是否是她的親生女。為此，林豆豆還特地給她舅舅寫信詢問過。林家為消弭嫌隙，不得不找來當年延安醫院的接生醫生證明。1965年，葉群託請空軍司令劉亞樓安排大學沒有畢業的林豆豆參軍，到《空軍報》工作。在空軍幾個筆桿子的幫助下，林豆豆在報刊上發表了一些文章。林豆豆小有文名，大有背景，1969年破格提升任《空軍報》副主編一職。姐弟倆對葉群的態度有所不同。林豆豆性格懦弱，有些怕葉群；林立果則性格驕橫，瞧不起葉群，背地裡稱她外號葉胖子。

「文化大革命」開始時，林立果21歲，是北京大學物理系一年級學生。他在「大串聯」期間到南方轉了一圈，就離開學校，沒有介入地方的「文化大革命」運動。1967年3月，林立果參軍到了

空軍，他當時還沒入黨，就被吳法憲安排在空軍司令部黨委辦公室當祕書。1967年4月，葉群交代吳法憲：「老虎和豆豆是林總的一對眼珠子，送到空軍來是給你保權的。」乖巧的吳法憲當即表示：「林立果、林立衡來空軍工作，是林副主席對空軍的最大信任，最大關懷，是我們的最大幸福。」1967年7月1日，入伍不到四個月的林立果，由吳法憲、周宇馳介紹，加入中國共產黨。這個日子是葉群特意指定的。吳法憲在通過林立果入黨的支部大會上說：「林立果是最革命的家庭教育出來的。」

1967年7月，林立果在林彪的指點和周宇馳（空軍黨委辦公室副主任）、劉沛豐（空軍黨委辦公室處長）的幫助下，寫了一篇文章，題為《從政治上思想上徹底打倒黨內一小撮走資本主義道路的當權派》。葉群請陳伯達、關鋒做了修改。7月22日，《解放軍報》以頭版頭條的位置，通欄標題發表了林立果這篇用「空軍司令部紅尖兵」署名的文章，並發表了《推薦一篇好文章》的評論，予以吹捧，為林立果撈取政治資本。

1969年2月16日，林彪親自給空軍司令部負責「幫助」林立果的周宇馳、劉沛豐寫信，說：「這兩年老虎（指林立果）在你們幫助下，能力上已有進步，今後你們可讓老虎多單獨行動，以便鍛鍊他的獨立工作能力。並感謝你們過去對他的幫助。此致，敬禮。」下至周、劉，上至吳法憲等人，當然明白林彪紆尊降貴寫信的目的，對「單獨行動」、「獨立工作能力」內含的意思心領神會。他們要攀緊附牢林家這棵大樹，自然要在「幫助」林立果的事情上效犬馬之勞。

在1969年的「戰備熱」中，林立果和空軍黨辦的幾個人搞了項「技術革新」，把地對空雷達改裝在飛機上，搞個簡易的導彈預警系統，並向中央報告。這種粗糙的「瓜菜代」的玩意，被吳法憲等吹上了天。吳法憲特地給林彪寫信，吹捧這篇林立果參與起草的

報告,是「空軍有史以來寫得最好的一份文件」,並要送給林立果一只金錶以示紀念。林彪特地把這份報告批送給了毛澤東。1969年10月17日,吳法憲親自簽署命令,任命林立果為空軍司令部辦公室(即黨委辦公室)副主任兼作戰部副部長。參軍剛剛兩年半的林立果,一下子被提升為師級幹部。

林立果在空軍黨辦中很快就拉起自己的小宗派。1965年秋,葉群到江蘇太倉縣搞「四清」,吳法憲親率王飛(空軍司令部副參謀長兼辦公室主任)、劉沛豐、劉世英(空軍黨委辦公室主任)、于新野(空軍黨委辦公室副處長)等隨同前往,為葉群撈取政治資本。林立果到空軍後,這些人就聚集在他的周圍,形成了一個特殊的小圈子。在搞倒楊成武、余立金等活動中,這個小圈子發揮了關鍵的作用。之後,經吳法憲批准,林立果在空軍司令部裡建立了一個「調研小組」,名義上是為空軍黨委出點子,實際上是以林立果為核心的宗派小圈子。

1970年5月2日晚,林彪、葉群在毛家灣住宅接見王飛、周宇馳、劉沛豐等人及其家屬,以聯絡感情。王飛、周宇馳等人感激涕零,第二天召開會議,表達「忠心」。周宇馳說:「林副主席也是個天才,是一個歷史上罕見的偉人,是一個可以和馬、恩、列、史並列的革命導師和領袖。」「立果同志也是一個天才,一個全才,我們沒有哪個人能夠和他比,他對我們的關心愛護,也是沒有哪個人比得上。」「在我們這個戰鬥集體中,應該以立果同志為頭,為核心。……實際上,也只有他才能當得起這個頭和核心。這是客觀的需要,鬥爭的需要。」王飛、于新野、魯珉(空軍司令部作戰部長)等人紛紛寫下決心書,表態永遠忠於林彪、林立果,用語肉麻至極。透過這次接見,他們原本比較鬆散的小群體,結成了以林立果為中心,具有較嚴密組織形態的宗派小集團。這個小集團之後就成為林立果密謀搞政變的「聯合艦隊」。

吳法憲為了討好林彪，在1969年10月18日，把林立果、王飛、周宇馳三人找來，說：「今後空軍的一切要向林立果彙報，可以由林立果指揮調動。」吳法憲還對其他人說過，林立果在空軍可以「指揮一切，調動一切」的話。光是當空軍政委王輝球的面，吳就講過兩次。1970年7月，周宇馳在空軍黨委常委辦公會上，先講了林立果對研製垂直升降飛機的意見，接著就傳達了吳法憲這「兩個一切」的指示。林立果的小集團成員們趁機煽風點火，製造聲勢，使「兩個指示」的影響面越來越大，吳不敢否認，造成了空軍上上下下的思想混亂。空軍機關的各個部、局做出向林立果「學習」的決定。空軍政治部還提出五條措施：對林立果、林立衡，要時時想到他們，處處保護他們，把他們看成自己最好的領導，老老實實服從他們的調動，服服貼貼聽從他們的指揮。

　　1970年7月31日，林立果在空軍幹部會上宣講「活學活用」的《講用報告》，長達七個多小時。吳法憲等人吹捧林立果放了個大「政治衛星」，是「第二個《共產黨宣言》」，並在隨後召開的空軍「三代會」上，播放林立果《講用報告》的錄音。林立果的集團們在會上到處鼓吹，肉麻地宣傳林立果是「超天才」、「全才」、「將才」、「全黨之才」、「世界之才」，是「第三代接班人」、「第四個里程碑」。

　　這樣，從林彪、葉群到林立果，趨炎附勢、賣身投靠者們和林家建立起封建的人身依附關係，結成了效忠於林家的宗派集團。

　　林彪家庭非常奇特，缺少家庭溫馨，充滿政治機詐。葉群老想讓兒女對她俯首帖耳，但恰恰適得其反。兒女大了，更不聽她的了，她就想透過替兒女找「對象」的辦法控制他們。從1968年春節起，葉群開始張羅替兒女找「對象」。

　　葉群替孩子選對象，不是普通人家的嫁娶，而是絕好的巴結機會。黃、吳、李、邱的夫人們首先忙活起來，聞訊而來的趨炎附勢

之徒如過江之鯽，紛紛效力。他們利用手中的權力，在中國全國上下挑選俊男美女，實際上形成了為林家獻「忠心」的一次政治活動。

　　葉群替子女找「對象」，雖然動員了幾百人，包括林辦的工作人員，在全國範圍，用替林辦選工作人員、替軍委選外事人員、參軍、找工作等名義明察暗訪，閱人無數，但是進展並不快。條件高固然是重要因素，但關鍵在於，葉群與子女之間還有個控制與反控制的矛盾。葉群看好的，子女不同意；子女看好的，葉群又不贊成，其中糾葛錯綜複雜，林立衡還為此自殺過一次。直到1971年，歷時三年之久的「選婿選媳」活動，才算勉強有了眉目。

四、毛家灣與釣魚台

1971年6月3日，毛澤東、林彪會見羅馬尼亞共產黨總書記尼古拉·希奧塞古夫婦。這是毛澤東、林彪最後一次共同接見外賓。7

月17日，林彪、葉群從北京搭機回到北戴河。

左右互搏，槍桿子與筆桿子

　　林集團與江集團都是在「文化大革命」的特定條件下形成和發展起來的。他們在推行「文化大革命」的極「左」路線上是一致的，是發動「文化大革命」的「二桿子」——槍桿子和筆桿子。他們在推動群眾造反運動上，在打倒劉少奇和所謂「劉少奇路線」的各級黨政系統幹部上，互通聲氣，互為犄角。作為發動「文化大革命」的「無產階級司令部」主要成員，他們又相互吹捧，相互利用，都藉助對方抬高自己的政治身價。同時，他們之間也有爭權奪利的衝突。

　　在1966年江青炮製《紀要》時，林彪稱讚江青「政治上很強，藝術上也是內行」，要把江青的意見「在思想上、組織上認真落實」。江青則吹捧說，「林總完全同意我的意見」。正是在林彪以黨軍領導人資格的極力吹捧下，江青才由默默無聞的幕後，走到中國的政治前台上。

　　「文化大革命」開始後，雙方在黨內鬥爭和群眾運動中互為犄角，配合默契。1966年9月8日，林彪誣陷賀龍「有問題」，江青接著就在會上說賀龍是「壞人」，「要把賀龍端出來」。

　　11月林彪任命江青為「全軍文化工作顧問」，替她插手軍隊提供了方便。

　　1967年7月，葉群代表林彪成為中央文革碰頭會的成員。

　　1968年3月，林彪採用軍內提級的辦法，把江青的行政級別一下子從九級提升到五級，相當於大軍區正職。林彪在「三‧二四」大會上，讚揚江青是「我們黨女幹部中傑出的女幹部，女同志中傑

出的女同志」。

江青在為一己之私挾嫌報復上,還與葉群私下交易。1966年10月,江青為了銷毀她歷史上的資料,和葉群合謀,指使吳法憲、江騰蛟非法查抄鄭君里、趙丹等五位上海文藝界人士的家。江青對葉群說:「現在趁亂的時候,你替我抓了這個仇人,你有什麼仇人,我也替你去抓。」

此類沆瀣一氣的事情,林林總總,難以枚舉。

林彪一夥是有赫赫戰功的開國功臣,為中華人民共和國的建立立下過汗馬功勞,建國以來又是身居要職的高階幹部。江青一夥在「文化大革命」前毫無名氣,也無建樹,是靠「文化大革命」發家的「暴發戶」。雖然林彪一夥在公開場合吹捧江青等人,是清楚江青背後有毛,內心其實是瞧不起他們的。林彪的性情孤傲,自喻為「天馬行空,獨往獨來」。江青自視甚高,刁蠻剛愎,專橫跋扈。林彪對於葉群到釣魚台去和江青拉關係,也有所節制,不願意表現得過分親近。林彪曾說過,「張春橋、姚文元是些無名小卒,以前誰知道哇」,不屑為伍的口氣溢於言表。

雖然林彪一夥在功勞資歷上比江青他們更有政治本錢,但在與毛澤東的關係上則遜一籌。林彪他們要利用江青是毛澤東夫人的特殊身分,窺測毛澤東的意圖動向。江青他們要利用林彪的地位和威望,抬高自己。他們在搞動亂中,具有利益相關的互補性。所以,在「文化大革命」發動階段,他們的共同目標是一致的。在「文化大革命」進入奪權階段以後,特別是劉少奇「資產階級司令部」被摧毀後,他們各自的利害分歧就顯露出來了,相互勾結中明爭暗鬥的情況也漸漸突出。

林彪集團和江青集團對「文化大革命」的動亂,有不同的利益要求。在運動一開始衝擊黨政系統的領導機構時,他們的利益是共同的,都是在為運動推波助瀾,在打倒劉少奇、鄧小平的意見上是

一致的,並透過大亂建立起自己的集團體系。然而,當運動衝擊軍隊,衝擊林彪的地盤時,林彪是不甘的,不願意軍隊再發生動亂,由此加劇了林彪與江青之間的摩擦和矛盾。林彪對「文革」運動的「亂子觀」,是有一定限度的,一方面透過運動的「亂」,可以打倒一批不聽命於他的人;另一方面又不願衝亂了自己集團勢力的陣腳。而江青則是要徹底大亂,支持各地的群眾組織大造黨政軍領導機關的反。在軍隊「三支兩軍」後,逐漸演化為雙方新的利益衝突。江青一夥只有在大亂中,才能取得更多的權力,認為軍隊掌握在保守派手裡。林彪則要維護自己的勢力範圍,認為江青要搞亂軍隊是挖他的牆腳。越往後來,雙方的摩擦越多,利害關係的衝突不斷,「無產階級司令部」內部的裂痕就越大。雙方的明爭暗鬥,以他們的住處為名,稱之為毛家灣與釣魚台的矛盾。

　　1967年2月的一天晚上,江青到林彪處說了些什麼,惹得林彪勃然大怒,大喊大叫地要把江青趕走。在私下裡,林彪也曾多次對老部下、祕書和家人表示過對江青和中央文革的厭惡情緒。

　　1968年3月,楊、余、傅事件發生後,毛家灣與釣魚台磕磕碰碰的事情多了起來,連一向緊跟江青的葉群,也曾給南京軍區司令許世友打電話,暗示張春橋反對他。

　　1968年4月12日上海發生第二次炮打張春橋,就有葉群搞的小動作,以及上海空軍的複雜因素在裡面。最後,江青、葉群達成某種協議,派吳法憲到上海平息這場風波。張春橋從而也知道了毛家灣的厲害。

　　1968年5月,林彪與吳法憲等人議論江青一夥,談及:江青看不起黃永勝、吳法憲;張春橋、姚文元是無名小卒,姚父是叛徒,但排名卻在黃、吳前面;上海只宣傳江、張、姚,不宣傳林彪等等。

　　從雙方的實力來講,釣魚台雖然在「文化大革命」前台直接號

令群眾，聲勢赫赫，但終有馬失前蹄的時候，在1967年7、8、9三個月搞得太亂，「文化大革命」出現局面失控。毛澤東批准關押了中央文革的王力、關鋒、戚本禹，釣魚台實力大損。在剩下的成員中，姚文元有父親「叛徒問題」的小辮子，張春橋有青年時攻擊過魯迅的「狄克問題」，和妻子「自首問題」的小辮子。而毛家灣卻透過各種手段，壯大了實力，羽翼漸漸豐滿。一失一得之間，毛家灣的地位突出出來了。

從八屆十二中全會後，毛家灣與釣魚台的利害衝突日漸分明。

林彪在中共八屆十二中全會上，為歌頌「文化大革命」提及歷史上的歐洲文藝復興運動。江青認為講得不妥，多次向黃永勝、吳法憲等人提出，並讓人寫文章批周揚宣揚歐洲文藝復興運動。林彪對此十分惱火。

林彪、葉群多次到蘇州、舟山等地，都不告訴上海的張、姚。林彪還有意到外地去，躲避江青，1969年秋，江青給在蘇州的林彪寄去她致全黨關於文藝工作的信，要林彪表態支持。林彪不予理睬，江青又大為不滿。

江青對黃永勝的工作不滿，多次刁難他。1968年10月，為黃永勝率代表團出國一事，江青堅決反對，弄得兩個集團的氣氛很緊張。最後還是毛澤東點了頭，黃才得以成行。

江青多次指責總政軍管小組「右傾」，軍管小組組長的人選不合適。軍委辦事組討論幾次，找不出合適人選。黃永勝發牢騷說：「就是我們幾個去也不行。」吳法憲對林彪祕書說：「總政的主任、副主任全都靠邊站了，還說是右傾！解放軍報社也是這樣，站住的人沒有幾個了，還是右傾嗎？我們確實不好說，得林副主席說句話，不然我們確實頂不住！」

「九大」是毛家灣與釣魚台一次重大的較量。

在起草「九大」政治報告中，陳伯達與張春橋、姚文元各自寫出了初稿，兩份初稿分送毛澤東、林彪和中央文革碰頭會成員。中央文革認為陳的稿子鼓吹「唯生產力論」，陳伯達譏諷張、姚的稿是「運動就是一切，目的是沒有的」。毛澤東認為張、姚稿「基本可用」，還親自修改。林彪支持陳伯達的稿子，對張、姚稿不屑一顧，在「九大」上念稿之前，一次都沒看過稿子。

在「九大」上，葉群安排一些人不投江青、張春橋、姚文元的票，說給她點顏色看看，不要以為所有的人都擁護江青。投票結果，江青、張春橋、姚文元果然比他們少得六票。江青十分不滿，在晚上的中央文革碰頭會上，對黃、吳、李、邱大罵，說：「我就不信老娘的威信不如你們這些人，有點怪！」江青還要查票，看誰沒投她的票，被毛澤東制止了。而且，釣魚台勢力比較大的華東組，也有人不投葉群的票，葉群也嫉恨在心。

「九大」期間，黃永勝等在背後罵江青，黃的祕書天真地認為是「攻擊無產階級司令部」，寫了揭發信。揭發信落到葉群、黃永勝、吳法憲的手裡，祕書因此被關押起來。陳伯達與黃永勝等也多次密談，私下商量「九大」後要不要中央文革的問題。

「九大」時，林彪的接班人地位寫入黨章，而中央文革只是在政治報告裡提到一句，「堅決執行了毛主席的革命路線」。「九大」後，江青領導的中央文革停止活動。而中央文革這些人，除任政治局委員外，在國務院和軍隊中並沒有實際職務。直到1970年11月，成立了中央組織宣傳組，他們一夥才重新有了公開合法的活動陣地。林集團把持的軍委辦事組，仍然實際行使中央軍委的職權。而且，透過軍管也控制了中央一部分部門和單位的權力。同時，毛澤東在九屆一中全會上的談話，提出「要準備打仗」，「地方的問題在軍隊，軍隊的問題在工作」等指示，也突顯了軍隊的重要地位，希冀軍隊在穩定社會中發揮更大的政治作用。這都是有利

於林集團的政治氣候。很明顯，在這一回合，林集團取得的實惠多，占據了上風。

聲氣相投，毛家灣來了老夫子

　　陳伯達自抗戰時期起，就一直擔任毛澤東的政治祕書，是中共黨內的大「秀才」。陳伯達在抗日戰爭時期寫了《評〈中國之命運〉》一書，鮮明地批判了蔣介石，宣揚了毛澤東，從此聲名鵲起。他之後陸續寫過一些有影響力的文章和小冊子，如：《竊國大盜袁世凱》、《中國四大家族》、《人民公敵蔣介石》等。在當時的戰爭時代，陳伯達寫的這些東西，對宣傳中共的政治綱領，從思想理論戰線上打倒國民黨，具有很大的作用，他也因此贏得了「理論家」的頭銜。陳伯達作為黨內數一數二的大筆桿子，為毛澤東、黨中央起草過許多黨內文件，熟悉的人都稱他為「老夫子」。

　　中共建國後，陳伯達掛名中宣部副部長等職，但主要任務還是在毛澤東身邊工作，協助起草過一些重要的中央文件。陳伯達在中共八屆一中全會上當選為政治局候補委員，負責中共機關刊物《紅旗》的工作。在「大躍進」、廬山會議上批彭德懷、「四清」運動等「左」傾錯誤嚴重擴大化的時刻，陳伯達都有「左」的理論創造和發揮。「文化大革命」開始之際，他幫助江青修改《部隊文藝工作座談會紀要》，起草了「文化大革命」的綱領性文件《五一六通知》，炮製了《橫掃一切牛鬼蛇神》的著名社論。這篇社論的發表，對全國性動亂產生了直接的煽動作用。他還為八屆十一中全會起草了「文化大革命」的另一個綱領性文件《十六條》。由於陳伯達在推行「左」傾路線上做出的「理論貢獻」，他因此成為中央文革小組的組長。

　　陳伯達是「文化大革命」開始時期的前台人物。他在工作組對

中央一線領導發難,在毛澤東面前搬弄是非,並竭力煽動批判劉少奇、鄧小平所謂「資產階級反動路線」。他在1966年10月的中央工作會議上,發表了《無產階級文化大革命中兩條路線》的報告,還頻頻發言,點名批判劉少奇、鄧小平。毛澤東指示把林彪和陳伯達的談話印成小冊子,大量印發,「每個支部、每個紅衛兵小隊最少一本」。陳伯達透過反對劉少奇、鄧小平等中央一線領導,成為「毛主席革命路線」的代表人物。他在各種公開場合頻頻出現,召開各種座談會,接見群眾,鼓動造反,指責各級領導幹部,儼然以「無產階級司令部」的發言人身分自居,聲勢顯赫一時。

在陳伯達和江青直接出面煽動下,從中央到地方的許多黨政領導幹部被打倒。中共八屆十一中全會上新選入中央政治局常委的陶鑄、湖北省委第一書記王任重等,被他們在群眾集會的公開場合點名打倒。雲南省委第一書記閻紅彥,被造反群眾揪鬥,昆明軍區保護了他。陳伯達打電話給閻紅彥,惡語相傷,強令他接受群眾批鬥。閻紅彥氣憤不過,飲恨自殺,留下遺言,「殺我者,陳伯達、江青也!」

陳伯達的地位也在「文化大革命」中扶搖直上。在中共八屆十一中全會上,陳伯達由原來的政治局候補委員一躍成為政治局常委,名列第五位。打倒陶鑄後,他排列在毛、林、周之下,成了黨內第四號人物。九屆一中全會上,陳伯達再次當選為政治局常委。

但在幕後,陳伯達卻遠沒有台前那樣風光。陳伯達名為理論家,實無自己的定見,尤其沒有作為學人剛直的脊梁。他生性多疑,外表謙恭,善於窺測政治動向。陳伯達最關心的是毛澤東的動態,他注意毛澤東的一舉一動,揣摩毛澤東的心思,看風向,摸氣候,千方百計迎合毛澤東。同為毛澤東祕書的田家英對他這一套極為反感,曾當面批評過陳伯達,為此遭致陳伯達的嫉恨。陳伯達為毛澤東當祕書多年,十分小心謹慎,他替毛澤東起草文件,每每在

文件定稿後，就把自己親筆寫的手稿毀掉，生怕讓毛澤東看見有諸多不便。

在中央文革裡，陳伯達雖身為文革小組的組長，但並沒有實權，中央文革的實際權力掌握在江青手裡。「文化大革命」初期，江青只是毛澤東的祕書，在黨內還沒有公開職務，有求於陳伯達，對陳伯達還表示些尊重態度，有時還吹捧吹捧他。1966年5月，她當上中央文革副組長後，就不再把陳伯達放在眼裡。陳伯達的意見即使是善意的，她也不聽。江青倚仗自己是毛澤東夫人的特殊身分，目中無人，專橫跋扈，僭位越權，為所欲為。陳伯達處處遷就她，討好她，號召「向江青同志學習、致敬！」拍馬屁甚至到了畏懼的程度。圈內人都知道，陳伯達怕江青就像老鼠見貓似地。陳伯達名義上主持中央文革會議，但江青沒到，他就不敢宣布開會。江青若一到會，就嗚哩哇啦地講話。只要江青發表意見，陳伯達只有唯唯諾諾地贊同，絕不敢提出異議。

儘管陳伯達千方百計地討好巴結江青，江青卻不領情，反而更加張狂。在她的眼裡，陳伯達不過是個「腐儒」。她嘲罵陳伯達是西漢末年被赤眉軍樹起來的傀儡皇帝「劉盆子」、辛亥革命武昌起義從床下拖出來的大都督「黎元洪」。康生也瞧不起陳伯達，譏笑他是「烏龍院」的「院長」。在江青、康生的影響下，中央文革的其他人對陳伯達也很不尊重，經常當面頂撞他。這使陳伯達這個組長非常尷尬，心情十分壓抑。

陳伯達名為中央文革小組組長，但說了又不算，就想以怠工方式應付江青。江青常常以看電影的名義召集開會，他不想參加，江青、康生就批他，說：「你又不想幹了！」陳伯達當面不敢頂嘴，背後發牢騷說：「這就像三娘教子，提著你的耳朵說，幹不幹？不幹不行！」

從1967年初起，陳伯達在毛澤東那裡也漸漸失勢了。事情是

從打倒陶鑄開始的。1967年1月4日，陳伯達、江青等接見群眾造反組織，煽動打倒陶鑄。第二天，打倒陶鑄的標語就貼滿京城，陶鑄突然間被打倒了。毛澤東雖然對陶鑄不滿，已確定了要把他從台上拿下來，但不同意這種打倒方式。2月10日，毛澤東召集常委擴大會，嚴厲斥責陳伯達、江青擅自講話打倒陶鑄。他斥罵陳伯達是「一個常委打倒另一個常委」，並說：「過去你專門在我和少奇之間投機。我和你相處這麼多年，不牽扯你個人，你從來不找我！」還責罵江青「眼高手低，志大才疏」。毛澤東還要他倆在中央文革會上認真檢討。

　　毛澤東的批評相當嚴厲，陳伯達感受到了失勢的嚴重性。他很緊張，一度想自殺。經周恩來和他談話、工作，陳伯達才打消了自殺的念頭。後來，江青知道此事，指著陳伯達的鼻子罵道：「你敢自殺，就開除你的黨籍，就是叛徒！」陳伯達被罵得一聲也沒敢吭。

　　毛澤東對陳伯達、江青等人的批評，使老帥們和幾個副總理對中央文革壓抑已久的怒火爆發了。在軍委擴大會上，在懷仁堂中央擴大會上，他們對文革進行了激烈的抗爭。陳伯達成了眾矢之的，被批得張口結舌，狼狽不堪。這些老同志的抗爭活動雖然受到毛澤東的嚴厲批評，被扣上「二月逆流」的罪名，使陳伯達擺脫了一次政治危機，但江青還是沒放過他，指責陳伯達在關鍵時刻「動搖」。

　　1967年8月，「文化大革命」出現失控危險，經毛澤東批准，陸續抓了中央文革的王力、關鋒、戚本禹等人。但是，文革小組中這幾個好給他作對的造反幹將被抓，並沒有使陳伯達比較輕鬆。特別是江青，對他的態度之惡劣，更是日甚一日。他預感自己在政治路上開始走下坡了。

　　1968年夏，在人民大會堂召開的一次會議上，江青無端發

難，指責陳伯達沒及時給她文件看。她當眾羞辱陳伯達，歇斯底里地訓斥陳伯達，要撕掉陳伯達當時身上軍裝上的領章、帽徽。

江青的態度使陳伯達感到自己的政治前程未卜，他十分苦惱，有時甚至想哭。

陳伯達感到最大的打擊，是在起草「九大」政治報告一事上。

「九大」是一次權力再分配的會議。毛澤東指定陳伯達、張春橋、姚文元起草「九大」政治報告，讓林彪出面負責這項工作。陳伯達這時和江青、康生、張春橋、姚文元之間的裂痕已經很深，不願與張、姚等合作，便撇開他們，獨自起草報告。他深信自己這枝為毛澤東、黨中央起草過許多重要文件的筆，能夠獨立完成讓毛澤東滿意的政治報告。陳伯達精心推敲，事先徵求了林彪的意見，力求把文章寫得滴水不漏，要讓張、姚挑不出一點毛病。但是，毛澤東對陳伯達起草的報告不滿意，指示康生與張春橋、姚文元另起爐灶，再搞出了一份政治報告（草稿）。康、張、姚指責陳伯達起草的政治報告鼓吹「唯生產力論」。陳伯達反唇相譏，說張、姚起草的政治報告，是「伯恩斯坦」式的文件，鼓吹「運動就是一切，目的是沒有的」。

最後，毛澤東採用了張、姚起草的政治報告。林彪的觀點與陳伯達一致，對張、姚稿不屑一顧，對報告一字未改，一遍未看。

毛澤東的冷淡態度，使陳伯達感到從骨髓裡透出來的冰冷寒氣。他一接到毛澤東退回來的稿子，當場就哭了，哭得好厲害，好傷心。他意識到自己已經不為毛澤東所信任，已失去利用價值了。

在「九大」上，已有下台準備的陳伯達，還是被選進了常委，還是居於中央核心領導的第四位。但富有黨內政治經驗的陳伯達知道，這只是用以表示，經過了幾年「文化大革命」的激烈動盪，黨的領導層仍然保持著鞏固的團結，並不意味著他的政治地位依舊穩

定。「九大」後，陳伯達說過：「我雖然是政治局常委，卻像大觀園裡的林黛玉，不敢多說一句話，不敢多走一步路！」

當陳伯達在釣魚台備受江青等排擠，心情十分苦悶的時候，毛家灣卻送來了關懷，使陳伯達感到來自林彪、葉群的溫暖，看到了在政治上的新出路。

林彪和陳伯達一武一文，過去交往不多，自「文化大革命」才來往密切。陳伯達和林彪、葉群的關係有一個發展階段。「文化大革命」初期，陳伯達是風雲一時的人物，為造反派擁戴。林彪遇到和群眾造反有關的棘手問題，總是請出陳伯達來調停解決。陳伯達也是有求必應，全力合作。

1966年8月，北京航空學院的學生造反組織「北航紅旗」，到國防科委門前絕食靜坐，要國防科委在「文化大革命」初派往北航擔任過工作組組長的趙如璋回校參加批鬥。國防科委要對自己幹部的生命安全負責，又不敢再落下鎮壓學生對抗運動的罪名，雙方僵持不下。國防科委的領導十分為難，連連向林彪告急，林彪則把這個難題踢給了陳伯達。陳伯達寫了張條子，既讓國防科委交人，又讓學生約束自己的行動，替林彪、葉群解決了這道難題。

1967年1月，軍事院校部分造反學生衝擊國防部，全軍文革派人勸阻，學生們不聽。問題報告到林彪那裡，最後，還是陳伯達寫了條子，讓張春橋等拿到國防部大院宣讀，才勸退了學生。陳伯達又替林彪、葉群解決了道大難題。

林彪要在「文化大革命」中實現「打一批，保一批」的目的，要藉助中共中央文革的力量，往往得要中央文革的頭面人物出面說話。

「文化大革命」初期，總後勤部部長邱會作被群眾組織揪住不放，批鬥關押，還打傷了他。林彪、葉群就拉上陳伯達，共同寫了

條子,把邱會作救了出來。

在毛家灣和釣魚台的夾縫中,陳伯達屁股坐在釣魚台,但逢源於雙方之間。當江青等人排擠陳伯達,陳伯達受不了江青的霸道作風,鬱悶苦惱,毛家灣對他則關懷有加,在避免得罪江青的情況下,對陳伯達悉心照顧。陳伯達漸漸地投向林彪、葉群這一邊,特別在「九大」以後,陳伯達與林彪、葉群來往更加主動頻繁,成了毛家灣的常客。

林彪、葉群對陳伯達的關照是多方面的。老同志們在「二月抗爭」中,把陳伯達批得張口結舌,十分尷尬時,林彪發話說:「一個書生,支撐這麼大的局面,不容易啊!」陳伯達聽了,備感溫暖。

林彪很欣賞陳伯達的文筆,在制定文件方面經常請教他,還要祕書們學習陳伯達的寫作方法。

林彪、葉群對陳伯達提出的意見也很重視。一次,林彪在周恩來批來的文件上畫了圈。陳伯達對葉群說,他對這份文件有點意見,因林彪已經表態,他有意見也就不提了。這本是一番討好林彪的話,葉群很當回事,回來對祕書交代說,凡是陳伯達和中央文革沒表態的文件,就先不讓林彪知道。

陳伯達插手河北問題,支一派,壓一派。他壓的這一派,是38軍支持的,這是林彪帶過的部隊。恰好,曾從林辦調出的一位祕書正在那裡工作,陳伯達就藉此探問葉群的口風。葉群的原則是,「不能因為一個祕書,讓老夫子為難;也不能為了一個軍,丟了一個常委。」不久,就把原來那位祕書從38軍調走了,算是給了陳伯達一個滿意的交代。

毛家灣對陳伯達的生活也很關照。陳伯達夫妻不和,時時爭吵鬧彆扭。葉群經常打電話安慰陳伯達,替他排憂解難,最後乾脆派

軍隊的幹部把陳伯達的妻子轉移到外地去了。陳伯達想吃螃蟹，葉群就請空軍幫忙，特地為他用飛機送來鮮活的海螃蟹。吃點螃蟹要如此大動干戈，葉群說：「這是吃螃蟹的問題嗎？螃蟹中有政治！」一語道破了箇中奧祕。

陳伯達對來自毛家灣的好意感恩戴德，投桃報李。陳伯達為林彪、葉群題寫了許多條幅和詩詞，就連黃、吳、李、邱也收到了陳伯達的題字。

陳伯達受江青的氣，一些苦惱和心裡話願意向林彪、葉群傾訴。一次，陳伯達打電話給葉群，述說在江青那裡受到的委屈。他說，江青罵他政治上不成器，他心裡難過，總想哭。想到毛家灣來，又不敢來。葉群立即代表毛家灣向陳伯達表達，要他放心，林彪是關心他的，支持他的，要他注意保重身體。

釣魚台的排擠，毛家灣的拉攏，使陳伯達徹底倒向林彪這一夥。林彪麾下的武將叢中，一向缺少文人，陳伯達這個大筆桿子的入盟，使林集團羽翼豐滿。

1970年5月14日，葉群邀請黃永勝、吳法憲、李作鵬、邱會作同遊長城，紀念他們政治上大翻身的「五‧一三事件」三週年。他們賦詩相慶，其中有葉群最為得意，稱為「警句」的一句，是「將相奮起衛紅旗」。葉群解釋說：「我們有將也有相。相就是陳伯達，將就是黃、吳、李、邱。現在要將相一起奮起，保衛林副主席。」

爭權奪利，接班人地位的動搖

「九大」是林集團發展的頂點。林集團不僅在中央政治局形成相當大的勢力，而且有一大批現役軍人進入中央委員會。透過「三

支兩軍」，林集團掌管了許多地方的、行政方面的權力。相比之下，江青一夥得到的實惠較少。他們的主要成員雖然也進入了政治局，但在「九大」後，中央文革停止活動，他們在政府中和軍隊中沒有職務，再不能像以前那樣，與中共中央、國務院、中央軍委並列發文件了。直到1970年11月，成立了中央組織宣傳組，江青一夥才重新獲得公開的活動陣地。這種權力和利益分配的不平均，江集團是不滿意的。

「九大」結束後，國際和中國國內形勢漸漸趨於平穩。經過「整黨建黨」，各級黨組織陸續重新組建，廣大黨員也恢復了組織生活。地方黨政領導機關開始逐步恢復自己的職能。這時，軍隊管理地方的體制弊端日益明顯，出現了許多問題。許多地方黨委決定好的事，還要拿到軍隊黨委討論，的確顛倒了關係，於情理不合。在局勢走向正常化的情況下，作為特殊專政力量的軍隊，在社會政治生活中的地位必然要下降。這是順理成章的事情。

在這個大背景下，江集團與林集團爭權奪利的矛盾日趨激烈。

毛澤東此時對國家政治也有新的考量。他認為，為發動「文化大革命」而提出的一些激進口號和做法要調整，運動中甚囂塵上的個人崇拜要降溫，軍隊的政治作用要降低，防止出現「槍指揮黨」的現象。

毛澤東知道林彪身體差，也認真考量林彪之後的問題。一次，毛澤東試探性對林彪說：「我的接班人是你，你的接班人是誰呀？」林彪沒有說話。毛澤東又進一步說：「你看小張（指張春橋）怎麼樣啊？」林彪還是不表態。林彪打心眼裡看不起江青、張春橋、姚文元等人，甚至厭惡他們，自然不願意張春橋當接班人。

林彪知道，他這個「接班人」是領袖個人確定的。毛澤東既然可以確定他為「接班人」，同樣也可以改換他人。毛澤東對林彪提出張春橋一事，讓林彪、葉群等產生了毛澤東要更換「接班人」的

疑慮。他們意識到江青、張春橋等人的勢力有超過自己的態勢,便想要把張春橋搞掉。

林彪雖然比毛澤東小十四歲,但身體比毛澤東差得多。毛澤東在「文化大革命」初還可以暢遊長江,身體很健康。林彪則長期病懨懨,怕水、怕光、怕風,動輒感冒出汗。就是上天安門站幾個小時,他也要養精蓄銳好多天,回來還像大病一場似地。葉群對林彪的身體狀況憂心忡忡,認為靠自然接班的可能性不大。她曾對吳法憲說過:「林彪的身體和毛主席比起來差得遠,怎麼拖也拖不過毛主席。」

「九大」之後,召開四屆人大的事情提到議事日程上來了,林彪、江青都視四屆人大為權力再分配的機會。林彪雖然名位很高,但沒有最後決定權。葉群私下曾發牢騷說:「林彪不就是個副主席、副總理、國防部長!這麼多年來就是這麼點事。」所以,林彪集團要利用中共四屆人大的機會,撈取更多實惠。江青集團更是長期沒有合適的政治名分,也是急於利用開四屆人大之機,撈取黨和國家更多的權力。

雙方的角逐圍繞著修改憲法展開,鬥爭焦點是天才問題。這看起來像是個理論問題的爭論,但在中國的特殊國情之下,理論問題從來就是和政治相關的。

1970年3月8日,毛澤東提出召開中共四屆人大和修改憲法的意見,同時建議改變國家體制,不設國家主席。

3月9日,政治局根據毛澤東的意見,開始了修改憲法的準備工作。16日,政治局就修改憲法的一些原則問題,向毛澤東寫了請示報告。毛澤東批閱了報告。3月17日至20日,中央召開工作會議,討論召開四屆人大和修改憲法的問題。到會人士中出現兩種意見:一部分人提出還要設中國國家主席,並請毛澤東繼續擔任此職。一部分人贊同毛澤東事先提出的不設國家主席的建議。雙方爭

論得很激烈。

林彪、葉群贊成設國家主席。3月9日，葉群給黃永勝、吳法憲打電話，告訴他們「林副主席贊成設國家主席」。林彪還親自給毛澤東打電話，表達了他對設國家主席的意見。

4月11日，林彪正式向政治局提出要毛澤東兼任國家主席，「這樣做，對黨內、黨外、中國國內、國外的人民心理狀態適合。否則，不符合人民的心理狀態。」林彪還表示自己不適應擔任副主席職務。

4月12日，毛澤東在政治局關於林彪意見的報告上批示：「我不能再做此事，此議不妥。」

4月下旬，毛澤東在政治局會上第三次提出不設國家主席。他說：「孫權勸曹操當皇帝，曹操說，孫權是要把他放在爐火上烤。我勸你們不要把我當曹操，你們也不要做孫權。」

7月中旬，在中央修憲起草會議期間，毛澤東第四次提出不設國家主席，自己也不當國家主席。他說：「設國家主席，那是個形式，不要因人設事。」

正如毛澤東所言，在當時的中國，國家主席只是個形式，政治權力的核心是中共中央政治局。國家主席只是名義上的國家元首，而且要擔負繁雜的國事活動。早在1957年4月30日召開最高國務會議第十二次會議時，毛澤東就向民主黨派人士表示不擔任國家主席，而推舉讓劉少奇擔任這一職務。出於錯誤地打倒劉少奇，和由此得出「大權旁落」的錯誤教訓，毛澤東認為不宜再設國家主席。但林彪堅持設國家主席。5月中旬，他對吳法憲說，不設國家主席，國家沒個頭，名不正言不順。他要吳法憲、李作鵬在憲法工作小組會上，提出寫上「國家主席」一章。林彪的身體並不適應繁雜的國事活動，也不習慣接見外國客人，說他也覬覦有職無權的國家

主席職務，這的確是件匪夷所思的事情。葉群則是極有興趣，特別積極，她要利用四屆人大權力再分配的時機，坐實權力。這裡實際上還牽涉林彪的地位如何擺的問題。八月初，她還對吳法憲說，林彪的意見還是設國家主席，要吳等在憲法工作小組上提議寫上這一章。

當時，修改憲法的起草工作由康生負責。在憲法修改過程中，康生、張春橋等人對毛澤東的想法摸得比較清楚，為國務院工作提不提「以毛澤東思想為指針」和「三個副詞」等問題，與一同修改的林彪軍人集團發生了衝突，兩個集團的分歧公開化了。

8月13日，吳法憲在憲法修改小組上與張春橋發生了激烈的爭吵。因為在討論憲法序言中提及毛澤東評價上，張春橋反對加上「天才地、創造性地、全面地」三個副詞。這三個副詞本是來自林彪1966年5月中央政治局擴大會議上的談話，後寫入八屆十一中全會的公報，又載入林彪為《毛主席語錄》寫的「再版前言」中，是全黨公認評價毛澤東專用的權威性提法。在「文化大革命」前幾年，稱頌毛澤東「天才地、創造性地、全面地繼承、捍衛和發展了馬克思列寧主義」的這一說法，充斥於中央文件、報刊社論和各種文章中，人人耳熟能詳。在中共八屆十二中全會公報和起草「九大」政治報告及新黨章時，毛澤東嫌其「王婆賣瓜，自賣自誇」的味道太重，圈掉了這三個副詞。當時有人提出，這是十一中全會肯定的提法，毛澤東說，黨的大會可以修改上次會議的決議。「九大」後，毛澤東認為，個人崇拜過去有必要搞一點，現在應當降溫了。他是把對個人崇拜的降溫，作為社會走向穩定來考量的。

張春橋深知毛澤東這一想法，因此在會上反對在憲法裡再加上這三個副詞。張春橋代表了江青等人的意見，他說：「毛主席三番五次地在文件上圈掉『天才地、創造性地、全面地』這三個副詞，多次表明他不擔任國家主席，不能強加於人。」

「天才論」是林彪吹捧毛澤東的政治本錢，是他成為「學得最好」、「用得最活」的「好學生」理論支柱之一。張春橋在「天才論」上作文章，林彪集團自然當作這是江青一夥的又一次發難，絕不會讓步的。吳法憲盯住張春橋不放，爭吵起來，說：「有人利用偉大領袖毛主席的偉大謙虛貶低毛澤東思想。」這是針對康生、張春橋。會議從下午開到深夜，期間，吳法憲打電話向黃永勝通報情況，要黃報告給在北戴河的林彪、葉群。黃永勝當即表示了對吳法憲的支持。

　　散會後，陳伯達邀吳法憲來到他家裡，說吳法憲講得好，「敢於鬥爭」，二人密談到凌晨。第二天，吳法憲向林彪、葉群通報了情況，葉群回電給吳法憲勉勵說：林彪很高興，「林總說，吳胖子抓住了眼鏡（指張春橋）的辮子，放了一炮，說得對，幹得好，有功。」

　　林集團摩拳擦掌，要藉機好好整一整張春橋他們。黃永勝擔心吳法憲一個人太孤立，於8月14日打電話給在外地的李作鵬，讓他趕快回來參加憲法小組會，好支持吳。8月14日晚，政治局開會討論憲法草案的定稿。事先，葉群給陳伯達、黃永勝打過電話，他們準備了論天才和「四個偉大」方面的語錄，要在會上和張春橋、康生鬥一鬥。但在會上，張、康都默不作聲，憲法草案出乎意料地沒經過任何爭論就通過了。他們準備好的語錄沒派上用場。但是，這還僅僅是個前哨戰。

　　林集團並不會善罷甘休。他們積極策劃，多次密商，蒐集講天才的語錄，組織人搞講話提綱，準備上廬山開中共九屆二中全會時，再與江青一夥決一雌雄。

五、「大有炸平廬山之勢」

林彪在國慶二十一週年慶祝大會上談話。

設國家主席，林集團廬山起鬨

1970年8月下旬，中共九屆二中全會在江西廬山召開。毛澤東8月18日到達廬山。20日，林彪、葉群從北戴河，陳伯

達、李作鵬、邱會作從北京分別來到山上，吳法憲先他們一天到達。中央決定黃永勝留在北京看家。林立果以軍委祕書身分前往。葉群等人還準備了許多關於天才的語錄卡片。上山後，他們來往密切。22日，葉群、吳法憲、李作鵬、邱會作、林立果聚在一起密談，然後到廬山仙人洞合影留念。

8月22日下午，毛澤東主持召開了政治局常委會，討論最後確定大會議程。毛澤東察覺到林彪、江青兩個集團的矛盾越演越烈，在會上強調，這次要開成一個團結的、勝利的會，不要開分裂的、失敗的會。這是針對雙方講的。林彪、陳伯達在這次會上又提出要設國家主席，和由毛澤東擔任國家主席。毛澤東說：「誰想當國家主席就讓誰當，反正我不當。」

晚上，憲法起草委員會第二次會議召開，周恩來、康生傳達毛澤東在常委會上關於憲法修改、計畫會議、整黨問題的一些指示。常委決定於23日開會。陳伯達還要祕書替他搞一條國家主席的憲法條文，寫了國家主席的產生和職權等內容。

8月23日下午三點，中共九屆二中全會正式開幕，由毛澤東主持會議。周恩來宣布了全會議程：一、討論修改憲法問題；二、國民經濟計畫問題；三、戰備問題。康生講毛澤東對修改憲法的歷次指示和修改憲法的過程。這是在常委會上預定的開幕式內容。

林彪本來沒表示要在大會上談話。開幕前，常委們集合時，林彪提出想講點意見，毛澤東同意了。全體入座後，毛澤東宣布開會，林彪首先發言。

林彪說：「這次我研究了這個憲法，發現這樣的一種情況和特點，一個是毛主席偉大領袖、國家元首、最高統帥的這種地位，毛澤東思想作為全國人民的指導思想，這一點非常重要，非常重要。用法律形式固定下來非常好，非常好！很好！這可以說是憲法的靈

魂，是三十條中在我看來最重要的一條。這反映出我國革命經驗之中最根本的經驗。」前一天，林彪在常委會上提讓毛澤東擔任國家主席，被毛澤東駁回。這次他拐彎抹角地把「國家元首」的稱謂加給了毛澤東。

林彪繼而大頌毛澤東的「天才」、「偉大」，他說，毛澤東「是我們黨、軍隊、政府、國家的締造者和領導者。毛主席這種領導可以說是我們勝利的各種因素之中的決定性因素。我們的工作前進或後退，是勝利或者是失敗，都取決於毛主席在中央的領導地位是鞏固、是不鞏固」，並且要同志們記住這些經驗，「必須把這種迷迷糊糊的思想，變成自覺的思想。」這是影射同意不設國家主席的那些人。

林彪還說：「你們大家是不是覺得老三篇（按：指毛澤東寫的《為人民服務》、《愚公移山》、《紀念白求恩》三篇文章）發揮不了大作用呀？我覺得這個東西還是有用。」「我們說毛主席是天才，我還是堅持這個觀點。」毛主席的學說「怎麼能夠說沒有發展？說沒有發展，這是形而上學的觀點」，「毛主席個人的這種天分、學問、經驗來創造出新的東西。」說沒有發展，「是反馬列主義的。這點值得我們同志們深思，尤其是在中央的同志值得深思。」林彪在這裡隱約地暗示有人在反對毛澤東，這是針對康生不贊成學老三篇，康生、張春橋反對在憲法中加三個副詞而言，為下一步倒張春橋埋下伏筆。

林彪講了一個半小時，毛澤東剛開始還微笑著聽，聽到要克服「迷迷糊糊思想」時，覺得不對勁了，面上漸漸露出不悅之色。周恩來、康生見狀，隨即草草講了講話就散會了。

在散會回住所途中，葉群對陳伯達、吳法憲、李作鵬、邱會作說：「林總今天的談話，你們覺得怎樣？」幾個人同聲稱好。葉群

故作神祕地說：「林總的談話，是對陸定一式的人物不點名的點名。他在談話前已報告了毛主席。」

善於看風向、搞投機的陳伯達，立刻把耳朵豎起來了。如果林彪的談話事先徵得毛澤東的同意，就證明中國的政治天平往他們那個方向傾斜了，這可是個有機可乘的大好事。陳伯達想在這個節骨眼上立上一大功，又怕葉群說的不準確。他當晚就找到林彪確認，問林彪：「你今天的談話，事先向毛主席談過？」林彪沒正面回答，反問他是聽誰說的，陳回答聽葉群講的。林彪說：「這事你知道就行了。」陳伯達認定林彪的話證實了此事不虛。他興奮異常，勁頭十足起來。

在晚間周恩來召集的政治局會上，本是安排分組討論憲法和國民經濟計畫。吳法憲忽然提出林彪的談話很重要，要好好學習，要求改變會議議程，先討論林彪的談話。得到大家的附和，周恩來根據大家的意見，決定24日上午代表們先聽林彪談話錄音，下午再討論。林集團連夜動了起來。

會後，林立果給吳法憲打電話，說：「你在政治局會議上提的意見很好，林總聽了很高興，表揚你，說你又立了一功。」吳法憲聽了非常興奮。

晚上葉群打電話給吳法憲，要他轉告李作鵬、邱會作，準備明天在分組會上講話，要含著眼淚、帶著感情講，還要分頭串聯空軍、海軍、總後一些中央委員、候補委員在各組發言。葉群說：「現在林總已經出了題目，文章要靠大家來做。如果你們不發言，林副主席的談話就沒有根據了。林副主席談話並沒有點名，因此你們發言也不要指名。」

吳法憲連夜找了國防科委代主任王秉璋、空四軍政委王維國、空五軍政委陳勵耘等人，鼓勵他們在小組會上發言，講設國家主席和天才問題。

葉群還和北京毛家灣林辦的工作人員通了電話，要他們連夜起草她明天在分組會上的談話稿。最後，她又給黃永勝打電話，詳細說明林彪的談話及會後的反應。黃永勝聽了非常高興。吳法憲也給黃永勝打了電話，通報情況。

當晚十二點前後，陳伯達從林彪處出來，又到吳法憲的住處，與吳法憲、李作鵬、邱會作一起議論明天事宜。吳法憲他們問陳伯達有沒有馬、恩、列、史關於「天才」方面的語錄，陳伯達吹牛說可以找到一百多條。回到住宅後，陳伯達連夜打電話給吳法憲，提供了七條語錄。他還急如星火地要人給他查找「天才」語錄，說：「查得越多越好。」中央政策研究室立刻把查到的語錄密封，讓飛機捎來廬山。

24日是林集團在廬山上最火紅的一天。

24日晨，葉群安排吳法憲、李作鵬、邱會作等，在各自小組發言表態，宣講「稱天才」的語錄，統一發言口徑。

24日上午，播放林彪的談話錄音兩遍。播放過程中，有人提議將林彪的談話稿印發給大家，到會的人熱烈鼓掌，表示支持。周恩來請示毛澤東，毛澤東同意印發。

24日中午，陳伯達把收集到的《恩格斯、列寧、毛主席關於稱天才的幾條語錄》交給大會祕書處影印。

24日下午，會議分組討論林彪的談話。陳伯達、吳法憲、葉群、李作鵬、邱會作一起出動，分別在華北、西南、中南、西北各組帶頭發言。

三點左右，陳伯達來參加華北組的會，主持人打斷了正在發言的同志，請陳伯達先講。陳伯達操著一口難懂的福建話發言，由能聽懂他的話的人翻譯。他說：「我完全同意林副主席昨天發表得非常好、非常重要、語重心長的談話。林彪同志說這次修改的憲法裡

面規定了毛澤東思想作為全國人民的指導思想，是憲法的靈魂，是三十條裡最重要的一條，這反映出我國革命中最根本的經驗。但是，同志們要懂得，加進這一條也並不是那麼容易，可以說是鬥爭的結果。……現在竟然有人胡說毛澤東同志天才地、創造性地、全面地繼承、捍衛和發展了馬克思列寧主義，把馬克思列寧主義提高到一個嶄新的階段，這些話是一種諷刺。……吳法憲同志說得很對，有人想利用毛主席的偉大和謙虛，企圖貶低毛主席，貶低毛澤東思想。……有人說世界上根本沒有天才，但是他認為他自己是天才。我們知道，恩格斯多次稱馬克思是偉大的天才，他的著作是天才的著作。列寧多次稱馬克思是天才。史達林也稱馬克思、列寧是天才。我們也稱過史達林是天才。否認天才，是不是要把馬克思、列寧全盤否定呢？更不用說要把當代最偉大的天才一筆勾銷。我看這種否定天才的人無非是歷史的蠢材。……文化大革命取得了偉大勝利以後，有的人居然懷疑中共八屆十一中全會關於無產階級文化大革命的公報，這是不是想搞歷史的翻案？」陳伯達還說：「有的反革命分子聽說毛主席不當國家主席，高興得手舞足蹈了。」他一邊說著，還一邊抬手動腳地比劃著。

葉群在中南組發言：「林彪同志在很多會議上都講了毛主席是最偉大的天才。說毛主席比馬克思、列寧知道得多。」葉群引舉了林彪在1966年5月中央政治局擴大會議上吹捧毛澤東的話，激動地說：「難道這些都要收回嗎？堅決不收回，刀擱在脖子上也不收回！」

李作鵬也在中南組，他當著葉群的面發言：「本來林副主席一貫宣傳毛澤東思想是有偉大功績的，黨章也肯定了，可是有人反對在憲法上提林副主席。所以黨內有股風，是什麼風？是反馬列主義的風，是反毛主席的風，是反林副主席的風。這股風不能往下吹，

可是有的人想往下吹。」「有人連『中國人民解放軍是毛主席親自締造和領導的，林副主席直接指揮的』，他都反對，說不符合歷史。」

　　吳法憲在西南組發言：「這次討論修改憲法中，有人竟說毛主席天才地、創造性地、全面地繼承、捍衛和發展了馬克思列寧主義『是個諷刺』，我聽了氣得發抖。」他兩手握拳，放在胸前，做出發抖的樣子。「這是黨的八屆十一中全會就肯定的，林副主席在《毛主席語錄》『再版前言』中肯定的，怎麼能不寫呢？不承認，就是推翻了八屆十一中全會的決議，推翻了林副主席寫的『再版前言』。……關於天才的說法，馬克思、恩格斯、列寧、史達林都有過這樣的論述，毛主席對馬克思和列寧也都有過這樣的論述。林副主席關於毛主席是天才的論述，並不是一次，而是多次。」吳法憲拿出早已準備好和毛、林以及馬、恩、列、史有關天才的語錄，一板一眼地念了一遍。吳法憲真的擠出了幾滴眼淚，說：「大家聽聽這些語錄，怎能說沒有天才呢？……要警惕和防止有人利用毛主席的偉大謙虛來貶低偉大的毛澤東思想。」

　　邱會作在西北組發言：「林副主席說，毛主席是天才，思想是全面繼承、捍衛和發展了馬克思列寧主義，這次仍然堅持這種觀點。為什麼在文化大革命勝利，這次全會上還講這個問題？一定是有人反對這種說法，有人說天才地、創造性地、全面地繼承、捍衛和發展馬克思列寧主義是一種諷刺，就是把矛頭指向毛主席、林副主席。……在這個問題上是不能動搖的，不能利用毛主席的謙虛來反對這個問題。」

　　黃永勝聽到他們從廬山打來的電話，也積極行動起來。他從北京打電話來，讓在廬山上的工作人員替他起草書面發言，要點有：擁護林彪講話；有人反對在新憲法中寫上以毛澤東思想為指針，稱

天才是「諷刺」，這是反八屆十一中全會公報的；長期以來，黨內有許多情況不正常。

在他們的煽動下，許多與會人員也慷慨激昂地紛紛發言表態，既出於對毛澤東的熱愛，也出於不明真相。廬山又「轟隆」起來了。

陳伯達所在的華北組，發言尤其激烈，火藥味極濃。一些人紛紛發言，對黨內有人否認毛澤東是天才，表示「最強烈的憤慨」，要把他「揪出來」。汪東興激動地發言表示支持林彪的談話，說：「中央辦公廳和8341部隊討論憲法時，熱切希望毛主席當國家主席，林副主席當國家副主席」，「建議在憲法中恢復『國家主席』一章。這是中央辦公廳機關和8341部隊的願望，也是我個人的願望。」汪東興是跟隨在毛澤東身邊的人，應是最了解內部動態的知情人士，他的發言具有某種權威性，對與會者很具影響。

陳伯達、汪東興等人的發言，整理成華北組第二號簡報，由組長李雪峰等當晚簽發。各組的發言情況也匯總上來了，有幾個人的發言都引用了陳伯達選編的論天才語錄。華北組的第二號簡報列為全會的第六號簡報。

陳伯達連夜為林彪修改談話記錄稿，稱讚「林彪的談話很好」，「林彪是個天才」。為了使稿子無懈可擊，他精心修改了三處。

李作鵬做事留後路，下午發言後，晚上給葉群寫了封信，要求他們兩人的發言「在簡報上不掛號為機動」。

25日上午，六號簡報（即華北組簡報第二號）發給與會人員，簡報說：「大家聽了陳伯達同志等在小組會上的發言，感到對林副主席談話的理解大大加深了，特別是知道我們黨內，竟有人企圖否定偉大領袖毛主席是當代最偉大的天才，表示了最大、最強烈

的憤慨。……應該揪出來示眾，應該開除黨籍，應該鬥倒批臭，應該千刀萬剮，全黨共誅之，全國共討之。」簡報還說：大家衷心擁護小組會上有人提出的「在憲法上，第二條中增加毛主席是國家主席，林副主席是國家副主席」，和「憲法要恢復國家主席一章」的建議。

　　林彪聽祕書念了六號簡報後，高興地說：「聽了這麼多簡報，數這份有分量，講了實質問題。」葉、吳、李、邱一炮打響，非常振奮。邱會作說：「像得了頭彩一樣高興。」

　　吳法憲對西南組記錄員說：「我們組的簡報溫度不夠，要參照華北組的簡報改寫，要把我的發言內容寫進去。」李作鵬也振奮起來，對邱會作說：「你看！人家登出來了，你們西北組的人溫度不高。」邱會作立即命令祕書：「要把我的發言稿作為單獨的簡報印出來。」

　　六號簡報發到各組後，會議上一片堅持設國家主席、叫嚷揪人的呼聲。有的組集體通過決議：憲法草案一定要寫上設國家主席，一定讓毛澤東當國家主席。部分代表還以所在省市自治區的名義，聯名給毛澤東、林彪寫信，表態擁護毛澤東當國家主席。有人還說，毛主席實在不願當，可以讓林彪當。中共九屆二中全會被林集團煽動起來的狂熱氣氛籠罩著，早已脫離原定議程，燃起了燒向康生、張春橋等人的滿山野火。

《我的一點意見》，毛澤東扭轉乾坤

　　到8月25日，全會實際上為林集團操縱。林集團利用絕大多數人的個人崇拜心理，蠱惑人心，煽動起對張春橋等人的攻勢。林集團興高采烈，葉群尤其得意。這個智行淺薄的「高明」夫人，暗中調遣安排，在會上掀起了這麼大的一場風波，以為人多勢眾就可以

穩操勝券。但這次可不是當年倒羅瑞卿、整楊成武那麼簡單。不設國家主席和反對用三個副詞，都是毛澤東提出的，康生、張春橋等只是遵照了毛的話去做。而毛澤東提不設國家主席，其中一個意思也是不同意由林彪擔任。毛澤東對強加給他的東西很反感，對背著他搞權術更是憤慨，儘管這次廬山風波是從吹捧他的角度掀出來的，他也不會容忍遷就。

江青一夥意識到廬山風向逆轉衝著他們而來，看了華北組簡報很驚慌。25日上午，江青帶著張春橋、姚文元去找毛澤東告狀。江青一見面就尖聲叫道：「不得了哇！主席，他們要揪人！」毛澤東這時看了華北組的簡報，對背地裡搞這樣的活動十分惱火。他聽了張春橋、姚文元的彙報，下了收拾攤子的決心。

中午，毛澤東找來汪東興，當面批評他。毛說：「你汪主任了解我不當國家主席的想法，還派你回北京向政治局傳達過，你怎麼又要我當國家主席呢？」毛澤東還說：「不當國家主席，就不代表群眾了嗎？你強調群眾擁護，難道我不當，群眾就不擁護了？我就不代表群眾了嗎？」

下午，毛澤東召集政治局常委擴大會議，各大組組長參加。毛澤東先和常委們分別談了話，然後在會上做了三項決定：一、立即休會，停止討論林彪在開幕式上的談話；二、收回華北組二號簡報；三、不要揪人，要按「九大」精神團結起來，陳伯達在華北組的發言是違背「九大」方針的。毛澤東批評華北組組長李雪峰：「你當組長，就不管事！你怎麼把的關。簡報好凶呵，你在北京犯那麼大的錯誤，也沒有人說你是野心家、陰謀家。」毛澤東十分嚴厲地說：「你們繼續這樣，我就下山，讓你們鬧。有些話提起來有千斤，放下只四兩。設國家主席的問題不要提了。要我早點死，就讓我當國家主席，誰堅持設，誰就去當，反正我不當。」毛澤東還對林彪說：「我勸你也別當，誰堅持設誰去當。」

毛澤東嚴厲的批評，給狂熱的人們迎頭澆了盆冰水，大多數人清醒下來，形勢急轉直下。會議議程立刻調整，會議暫時休會，會期延長。

事態的發展使林集團慌亂起來。葉群緊張地對正替她整理書面發言的祕書說：「首長從主席處開會回來了。主席說，對那幾個人燒一燒可以，不要燒焦。要降溫了。我的發言不要整理了，你把草稿給我。」她還指使人撕下她在分組會上的發言記錄。

吳法憲下午還在分組會上宣讀華北組簡報，舉手通過設國家主席的建議。毛澤東決定收回華北組簡報，他的心立刻涼了半截，知道錯了，心情十分緊張。他給西北組的邱會作打電話說：「情況有變，簡報不要發了。」

邱會作要記錄人員撕下他在分組會上的發言記錄，被拒絕。

黃永勝接到吳法憲告急的電話後，立即要人把替他起草的書面發言稿燒燬。31日，他也上了廬山。

汪東興把葉群、李作鵬、吳法憲、邱會作等人忙不迭地要收回發言記錄稿的種種動向，報告給了毛澤東，毛澤東開心地笑了，說：「何必當初呢！當初那麼積極，那麼勇敢，爭著發言。今天又何必著急往回收呢！」

陳伯達萬萬沒想到，他一生小心謹慎，居然在廬山上老馬失蹄，揪人居然揪到自己頭上了。他知道自己掉到泥潭中了，但還想掙扎一下，別落個太慘的結果。26日，他找來李雪峰，埋怨簡報不送他看，表示要到華北組檢討。27日，陳伯達找到吳法憲，說總理批評他了，他在華北組引用過吳法憲的話。8月29日晚，陳伯達讓祕書給林彪的祕書打電話，建議林彪在錄音上加上毛澤東多次強調的原話，「是開一個團結的會議，還是分裂的會議，是開一個勝利的會議，還是失敗的會議。」這些都是陳伯達為拯救自己而做

的最後掙扎。但是,在毛澤東真動了肝火的情況下,林彪也只有把陳伯達拋出當代罪羊了。

林彪說:「自己過去與陳伯達沒有接觸。」還說:「軍隊裡的這一批軍人,過去與陳伯達也沒有共過事。」「他們是炮筒子,說話走了火。」

8月26日到30日,毛澤東和政治局常委分頭找人談話。各小組暫停開會。

8月25日和26日,周恩來、康生找吳法憲、李作鵬、邱會作談話,要吳法憲檢討,並將吳手裡那本《恩格斯、列寧、毛主席關於稱天才的幾段語錄》轉交給毛澤東。吳法憲於28日晚向林彪報告。林彪說:「你沒有錯,不要檢討。」又說:「我們這些人搞不過他們,搞文的不行,搞武的行。」葉群不斷打電話安撫吳法憲,她說:「你犯錯誤不要緊,還有林彪、黃永勝在嘛!只要不牽扯他們二人就好辦,大鍋裡有飯,小鍋裡好辦。」

毛澤東找了一些人談話後,於8月31日寫了七百字的短文——《我的一點意見》,附上了陳伯達編的語錄,印發全會,批判陳伯達。印發前,毛澤東先給林彪看過。

毛澤東在文章中說:

這資料(指陳伯達編的七條語錄)是陳伯達同志搞的,欺騙了不少同志。……我跟這位天才理論家之間,共事三十多年,在一些重大問題上從來沒有配合過,更不用說很好的配合。……這一次他可配合好了,採取突然襲擊,煽風點火,唯恐天下不亂,大有炸平廬山,停止地球轉動之勢。我這些話,無非是形容我們的天才理論家的心(是什麼心我不知道,大概是良心吧,可絕不是野心)之廣大而已。至於無產階級的天下是否會亂,廬山是否會炸平,地球是否停轉,我看大概不會吧。……我和林彪同志交換過意見,我們兩

人一致認為，這個歷史家和哲學史家爭論不休的問題，即通常所說，是英雄創造歷史，還是奴隸們創造歷史，人的知識（才能也屬於知識範疇）是先天就有的，還是後天才有的，是唯心論的先驗論，還是唯物論的反應論，我們只能站在馬、列主義的立場上，而絕不能跟陳伯達的謠言和詭辯混在一起。……希望同志們跟我們一道採取這種態度，團結起來，爭取更大的勝利，不要上號稱懂得馬克思，而實際上根本不懂馬克思那樣一些人的當。

毛澤東以如此辛辣、尖刻的語言批判陳伯達，其嚴重性可想而知。雖然他在文章中把林彪當作和自己觀點一致的支持者，但林彪心裡很清楚，這也是在批評他。

對於毛澤東的《我的一點意見》，全會一致同意，揭發批判了陳伯達，吳法憲等人也受到全會的批判。全會又回到原定的議事日程上，通過了憲法修改草案，批准了國民經濟計畫報告和戰備工作的報告。但相對廬山上新發生的情況來講，完成原定計畫議程的主題，已經不重要了。

從8月31日起，經汪東興安排，毛澤東從他一直住的房子「美廬」搬出，住進附近另一所不為人知的祕密住宅，脂紅路175號。這也說明了毛澤東對在廬山上突然發生這一事件的重視，以及對事件後面陰謀詭計的警覺。

陳伯達失風被批，四大將落馬檢討

毛澤東把廬山會議上發生的事情，看成是馬克思主義與修正主義的鬥爭，看成是一次嚴重的反黨事件。毛澤東最厭惡對他搞陰謀，搞權術。陳伯達、葉群等人在廬山上的活動，犯了毛澤東的大忌。康生、張春橋老奸巨猾，在憲法修改小組的討論會上聽任吳法憲攻擊，讓他們在廬山上把事情鬧大，故意挑動起毛澤東的忌諱。

林集團搬起石頭砸了自己的腳，吃了大虧，感嘆說「大兵讓秀才整了」。

毛澤東派李德生下山回北京主持軍委辦事組工作，替換黃永勝上山開會。31日，黃永勝來到山上。他見毛澤東時，毛澤東要他好好學習，並說人的天資有的聰明，有的笨，但對這個天才問題，主要靠實踐，一個人閉目塞聽，那有什麼天才。

8月31日，葉群、黃永勝召集吳法憲、李作鵬、邱會作統一口徑，強調山上山下沒有聯繫，原本是準備到廬山開神仙會的，在小組會上發言不要牽扯林彪、黃永勝；吳、李、邱之間只講自己，互不牽連。這幾天晚上和中午，他們都聚集在黃永勝處，交談各組的會議情況。李作鵬想在會上檢討，黃永勝阻止說：「你和葉群同在一組，你做了，葉群也得做。葉群做檢討，勢必影響林副主席。」

9月1日，中共中央政治局和各大組召集人開會，毛澤東在會上說，凡是在這次廬山會議上發言犯了錯誤的人，要做自我批評和檢討。毛澤東點名要陳伯達做檢討，還要林彪召集吳法憲、葉群、李作鵬、邱會作開會，聽取他們的檢討。

9月2日，林彪按毛澤東指示，召集陳伯達、吳法憲、葉群、李作鵬、邱會作開會，汪東興奉毛澤東指示也參加會。會開得很尷尬，只是在汪東興發言批陳伯達後，才議論了一下。會後，汪東興給毛澤東彙報了開會情況，毛澤東聽了哈哈大笑。後來林彪又開了一次會，沒有再通知汪東興。毛澤東知道後，對汪說：「不要你了，說明你不是那個圈子裡的人。」

9月4日，毛澤東找林彪談話。

9月5日，毛澤東找陳伯達談話。談話很簡短，毛澤東說陳伯達這兩年不來看他了，官做大了，架子大了，不來見了，連文章也不寫了。毛澤東最後告誡陳，要找和他一塊工作的幾個人談談，

「團結起來」。

9月6日下午，中共九屆二中全會閉幕。毛澤東在閉幕會上發表重要談話，主要有三個方面：毛澤東講高級幹部要讀馬、列的幾本書：「現在不讀馬、列的書了，不讀好了，人家就搬出什麼第三版呀，就照著吹呀，那麼，你讀過沒有？沒有讀過，就上這些黑秀才的當。有些是紅秀才喲。我勸同志們，有閱讀能力的，讀十幾本。基本開始嘛，不妨礙工作。」「要讀幾本哲學史，中國哲學史、歐洲哲學史。一講讀哲學史，那可不得了呀，我今天工作怎麼辦？其實是有時間的。你不讀點，你就不曉得。這次就是因為上當，得到教訓嘛，人家是那一個版本，第幾版都說了，一問呢？自己沒有看過。」

毛澤東講到廬山上的這場鬥爭，說陳伯達他們「大有炸平廬山，停止地球運轉之勢」，毛澤東說：「廬山是炸不平的，地球還是照樣轉。總而言之，無非是有那個味道。我說你把廬山炸平了，我也不聽你的。你就代表人民？我是十幾年以前就不代表人民了。因為他們認為，代表人民的標誌就要當國家主席。我在十幾年前就不當了嘛，豈不是十幾年來都不代表人民了嗎？我說誰想代表人民，你就去當嘛，我是不幹。你就是把廬山炸平了，我也不幹。你有啥辦法呀？」

毛澤東又講了黨內外團結的問題，說：「不講團結不好，不講團結得不到全黨的同意，群眾也不高興。」「所謂講團結是什麼呢？當然是馬克思列寧主義基礎之上的團結，不是無原則的團結。提出團結的口號，總是好一點嘛，人多一點嘛。包括我們在座的有一些同志，歷來歷史上鬧彆扭的，現在還要鬧，我說還可以允許。此種人不可少。你曉得，世界上有這種人，你有啥辦法？一定要搞

得那麼乾乾淨淨，就舒服了，就睡得著覺了？我看也不一定。到那時候又是一分為二。黨內黨外都要團結大多數，事情才幹得好。」

在閉幕會上，周恩來、康生發表了重要談話。周恩來代表中央宣布對陳伯達進行審查。

這天晚上，林彪讓葉群帶著黃永勝、吳法憲、李作鵬、邱會作去看望江青，負荊請罪。江青洋洋得意，她裝模作樣地說：「這事是老夫子搞的，他和小張、小姚有矛盾。他們是文人相輕。」繼而，她教訓他們說：「你們不聽我的話，犯了錯誤，我不會把這件事放在心上，今後要接受教訓。」黃、吳、葉、李、邱等人賠著笑臉，連連稱是，心裡極不是滋味。

9月7日晨，林彪、葉群動身下山回北戴河，黃、吳、李、邱到九江機場送行。臨行前，林彪與他們在機艙裡合影。

廬山上的鬥爭，林集團損兵折將，弄了個灰頭土臉。林立果給林彪祕書打電話說：「翻車了，倒大楣了，都是他媽的主任（指葉群）搞的，她想搶頭功，盡是瞎指揮。……以後她再也神氣不起來了。」

1959年的廬山會議上，林彪在批彭德懷「反黨集團」中立了大功，成為他政治上飛黃騰達的轉捩點。風光了十一年後，同一座廬山，林集團卻「翻車」、「倒大楣了」。從此，林彪和他的宗派集團也走上了政治的下坡路，而且摔得更慘。歷史的因果律不能不讓人感慨之。

六、鋌而走險的「五七一」工程

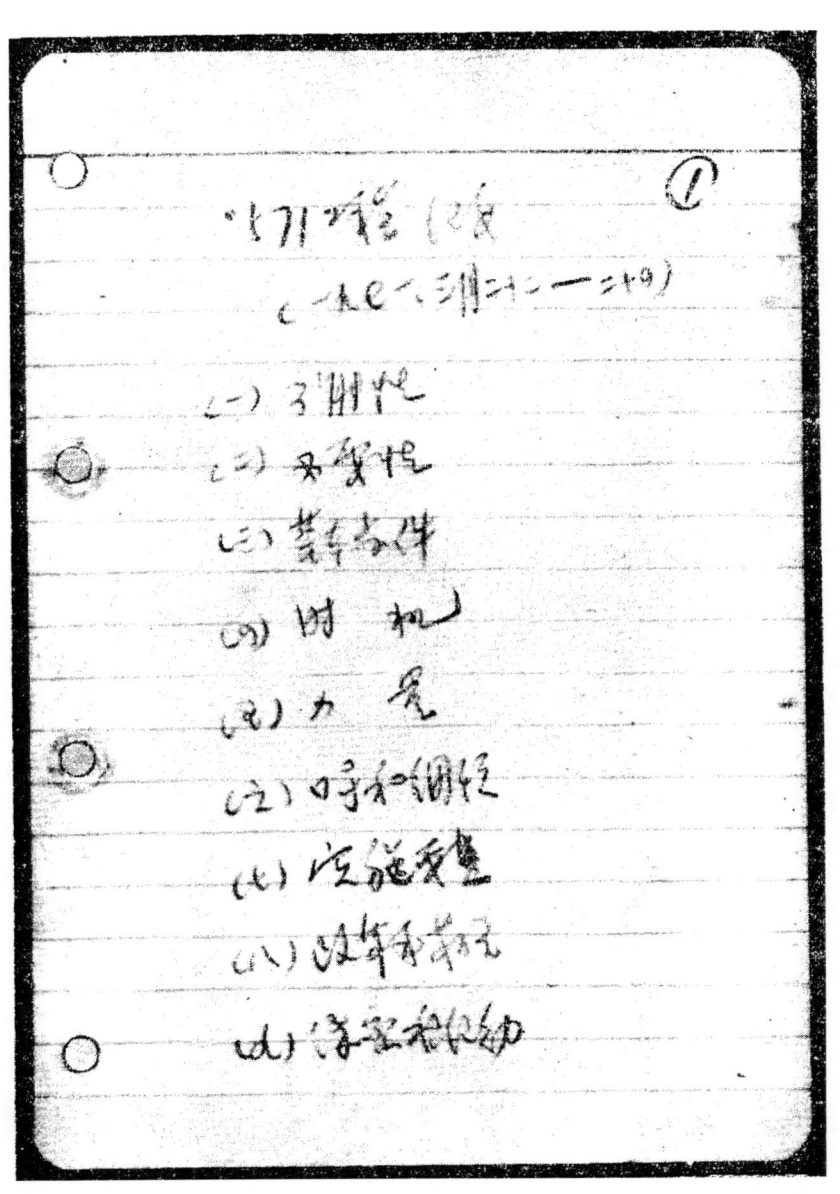

《「五七一工程」紀要》影印文件之一。

批陳整風，毛澤東刨根追柢

中共九屆二中全會9月6日閉幕，直到9月10日，《人民日報》才登出公報。公報對全會上發生的鬥爭隻字未提，但這並不意味著廬山事件的結束，恰恰相反，正戲才剛剛開場。正如毛澤東1971年南巡時所說：「對路線問題，原則問題，我是抓住不放的。重大原則問題，我是不讓步的。」

九屆二中全會之後，中共中央在一部分高階幹部中口頭傳達了陳伯達的問題。1970年11月6日，中共中央發出《關於高階幹部學習問題的通知》，傳達了毛澤東在九屆二中全會上關於黨的幹部都要擠時間讀一些馬列書籍的指示，列出了建議讀的馬、恩、列的六本書，和五本毛主席著作的書目。1970年11月16日，中共中央發出《關於傳達陳伯達反黨問題的指示》，一併轉發了毛澤東的《我的一點意見》，和附件陳伯達在廬山上搞的《恩格斯、列寧、毛主席關於稱天才的語錄》。文件指出：陳伯達在九屆二中全會上進行了分裂黨的陰謀活動，有反黨的「九大」路線、反馬克思列寧主義、毛澤東思想的嚴重罪行，是假馬克思主義者、野心家、陰謀家。陳伯達歷史複雜，是個可疑分子，中央正審查他的問題。文件號召全黨對陳伯達檢舉揭發，文件還發至地區級、師級，每單位一份，由主要領導親自傳達。之後，傳達的範圍不斷擴大，在全黨全軍有步驟地開展了批陳整風運動，對外稱「批修整風」。

批陳整風的第一階段，是學習馬、恩、列、毛的著作，批判「假馬列主義騙子」，當時這個「假馬列主義騙子」是指陳伯達。廬山上的這場風波，說明了人們還沒從「文化大革命」初期的思想狀態下解脫出來，這時「為了打鬼，藉助鍾馗」的時期已經過去，過分的個人迷信也使毛澤東日益厭煩，他認為有必要重新梳理全黨的思想路線問題，提出在全黨全軍「進行一次思想和政治路線方面

的教育」。批陳整風首先就是做這方面的文章。

1970年10月30日,《人民日報》發表了《認真學習毛主席的哲學著作》的社論。1970年12月,毛澤東對姚文元的一個學習報告批示:「你的學習進度較好較快,堅持數年必有好處。我的意見是274個中央委員,及一千名以上的高中階在職幹部,都應程度不同地認真看書學習,弄懂馬克思主義,方能抵制王明、劉少奇、陳伯達一類騙子。」中共中央把毛的批示連同姚的報告,以中央文件形式下發到省軍級,通知說,毛澤東的這個批示「極為重要,是我黨思想建設的最根本問題」,要求「全國的高、中階在職幹部認真照主席的指示學習」。這是毛澤東在為黨的高階幹部樹立學習的典型。

3月15日,毛澤東審閱《無產階級專政勝利》一稿時,寫了批語,指出:「我黨多年來不讀馬、列,不突出馬、列,竟讓一些騙子騙了多年,使很多人甚至不知道什麼是唯物論,什麼是唯心論,在廬山鬧出大笑話。這個教訓非常嚴重。這幾年應當特別注意宣傳馬、列。」中共中央向全黨傳達了毛澤東的指示,通知要求全黨,「切實執行毛主席要突出馬、列,『這幾年應當特別注意宣傳馬、列』的指示,糾正那種把馬列主義和毛澤東思想對立起來的錯誤觀點。要繼續克服對內對外的大國沙文主義。中央和地方報紙除登毛主席的語錄外,均要有選擇地刊登馬、列的語錄。」

毛澤東還對具體工作做了一些指示,以扭轉對外夜郎自大,對內自吹自擂的風氣。1970年12月,他在中央聯絡部的一份文件上批示:「對於所有外國人,不要求他們承認中國人的思想,只要求他們承認馬、列主義的普遍原理與該國革命的具體實踐相結合。這是一個基本原則。我已講過多遍了。至於他們除馬、列主義外,還雜有一些別的不良思想,他們自己會覺悟,我們不必當作嚴重問題

和外國同志交談。只要看我們黨的歷史經過多少錯誤路線的教育才逐步走上正軌，並且至今還有問題，即對內對外都有大國沙文主義，必須加以克服，就可知道了。」

在毛澤東和中共中央三令五申的強調下，全國上下狂熱的盲目個人崇拜潮流得到一定的抑制。「文化大革命」初期遍及全國城鄉的「早請示、晚彙報」等形式主義的東西，也悄然地退潮了。

陳伯達生性懦弱，這次在廬山的九屆二中全會上，遭毛澤東一陣痛批，早已「打翻在地」，自己在精神上也已經是落水狗了。陳伯達從廬山回到北京米糧庫胡同家中，開始還常到西山散步，1970年中國國慶節前，他接到中央要他慎出的通知，從此閉門不出。林彪叛逃的「九一三」事件一發生，他就被關押到秦城監獄去了。

陳伯達在廬山九屆二中全會上遭毛澤東當頭棒喝，政治上已是被打倒了。按照當時鬥爭的慣例，接下來就是列舉罪狀，揭發批判，全黨全國聲討。批判和定性的嚴重性，來自現實的政治需要。1971年1月26日，中共中央發出《反黨分子陳伯達的罪行資料》，對陳伯達從歷史上的「反革命」到現實的「反對毛主席革命路線」的一系列「罪行」做了揭露和批判。2月21日，中共中央發出《關於擴大傳達反黨分子陳伯達問題的通知》。4月29日，中共中央發出《關於把批陳整風運動推向縱深發展的通知》。全國報刊上以「劉少奇一類政治騙子」的代名詞，對陳伯達進行不點名的「革命大批判」。

然而，毛澤東並不在陳伯達問題上就事論事，也不是就此僅僅進行思想路線上的學習教育。他還有更為實際的政治目的，要藉批陳的題目作林彪集團的文章，削弱他們在「文化大革命」中膨脹起來的權勢。毛澤東在1971年2月下的一個指示，「開展批陳整風運動時，重點在批陳，其次才是整風」，點明了問題的關鍵之所在。

這裡所指的「陳」，自然帶著林彪的影子。

毛澤東對林彪集團採取的辦法是「甩石頭」、「摻沙子」、「挖牆腳」。毛澤東在一些文件上，加上批判陳伯達和批評黃、吳、葉、李、邱的話，敲打他們，降低他們在軍內和黨內的影響和威信，這是「甩石頭」。毛澤東往軍委辦事組增派人員，以打破林彪集團控制軍權的一統天下，這是「摻沙子」。毛澤東改組北京軍區，縮小林彪一夥控制的勢力範圍，這是「挖牆腳」。毛澤東根據當時對情況的判斷而採取的這些措施，對推進批陳整風的深入發展，是有一定作用的。當然從事後看，有些判斷也不是準確的。

廬山會議後，中央責令吳法憲等人就廬山上的事情寫出書面檢討。對此，黃、吳、李、邱已有所準備。9月7日，他們同搭一架飛機從廬山回京，在飛機上討論了應對中央的方略：堅持山上山下沒有聯繫，事情是突然發生；強調是吳在8月13日就憲法工作小組會情況的電話報告引發的問題；黃不準備檢討，李、邱是否檢討要視情況，吳檢討時只講自己，不說別人，主動承擔責任；無論如何，都不要涉及林彪、葉群、黃永勝，這是個大前提；被政治局找去談話時，事先要統一口徑。黃、李、邱對吳不放心，告誡他要沉住氣，不要多說話。

1970年中國國慶節後，林彪找吳法憲談話，要吳去向毛澤東檢討錯誤。林彪交代吳的主要內容有三點：「一.檢討時要說明廬山一事事發突然，在山下並沒有任何準備和聯繫，你在8月13日反映的情況未經確認，林彪聽了有氣，所以在廬山就講了話。二.錯誤要往陳伯達身上推，強調上當受騙。三.這次廬山犯錯誤，第一是陳伯達，其次是你，如果因為你這次犯錯誤把你撤下來，暫時靠邊站，也不能亂說，以後會有機會替你說話，不要因為你一個人犯錯誤就倒一大片。」

林集團的退兵策略不可謂不周到，但在毛澤東步步進逼的攻勢

下，卻一籌莫展。

毛澤東在他們的檢討書上批示，嚴厲地批評他們。1970年10月14日，毛澤東在吳法憲的書面檢討上批示：「作為一個共產黨人，為什麼這樣缺乏正大光明的氣概。由幾個人發難，企圖欺騙二百多位中央委員，有黨以來沒有見過。」「辦事組各同志（除個別同志如李德生外）忘記了九大通過的黨章」，「又找什麼天才問題，不過是一個藉口。」毛澤東針對吳法憲檢討中，「有人利用毛主席偉大的謙虛，貶低毛澤東思想」的話，批道：「什麼偉大的謙虛，在原則性問題上，從來沒有客氣過。要敢於反潮流。反潮流是馬列主義的一個原則，在廬山，我的態度就是一次反潮流。」

1970年10月15日，毛澤東在葉群的檢討書上批示：「愛吹不愛批，愛聽小道消息，禁不起風浪。」「一種傾向掩蓋著另一種傾向。九大勝利了，當上中央委員不得了了，要上天了，把九大路線拋到九霄雲外，反九大路線的陳伯達路線在一些同志中占了上風，請同志們研究一下是不是這樣的呢？」在葉群檢討他們搞天才語錄時，毛澤東批道：「多年來不贊成讀馬列的同志們為何這時又向馬列求救，題目又是所謂論天才，不是九大論過了嗎？為何健忘若此？」毛澤東批判葉群一夥：「不提九大，不提黨章，也不聽我的話，陳伯達一吹就上勁了，軍委辦事組好些同志都是如此。」

毛澤東對吳、葉的批評，刀刀見血，其中有些話，如：「多年來不贊成讀馬列的同志……」明顯是對著林彪來的。1970年12月18日，毛澤東接見美國友好人士史諾，說：「『四個偉大』（偉大的導師、偉大的領袖、偉大的統帥、偉大的舵手），討嫌！」「四個偉大」正是林彪的專利。1971年5月31日，經毛澤東批准，中央向全黨轉發了他與史諾的談話紀要。

在批陳整風中，華北會議是專門針對林集團的重要會議。

1970年12月10日，駐河北保定的38軍黨委寫了《關於檢舉揭發陳伯達反黨罪行的報告》，送軍委辦事組並報上中央。報告中說：陳伯達反對毛澤東、林彪，不擇手段地插手軍隊，搞宗派活動；在處理保定問題中，「大搞分裂，挑起武鬥，鎮壓群眾，破壞大聯合、三結合。」38軍是陳伯達處理河北問題中受壓制的部隊。毛澤東認為找到了「石頭」，對報告做了重要批示：「為何聽任陳伯達亂說亂跑，他在北京軍區沒有職務，中央也沒有委託他解決北京軍區所屬的軍政問題，是何原因讓陳伯達成了北京軍區及華北地區的太上皇？」中央政治局根據毛澤東的批示，決定召開華北會議，進一步解決陳伯達和軍隊的問題。毛澤東指示：「這次會議在全軍應產生重大作用，使我軍作風某些不正之處轉為正規化，同時對兩個包袱和驕傲自滿的歪風邪氣有所改正。」毛澤東指定李德生、紀登奎、黃永勝、李作鵬參加會議。

華北會議從1970年12月22日開到1971年1月24日。周恩來在會議上發表了總結性的談話，代表中央系統地揭批了陳伯達的問題。會議揭批陳伯達是華北地區和北京軍區的「太上皇」，把華北和北京軍區當作陳的獨立王國，河北省革命委員會主任、北京軍區政委李雪峰，和北京軍區司令員鄭維山，因此也成了揭批對象，被停職檢討。中央決定改組北京軍區，李德生、紀登奎分別任北京軍區司令員和政委。這是毛澤東「挖牆腳」的又一措施。

鑒於林集團主持軍隊工作出現的諸多問題，毛澤東提出「軍隊要謹慎」。1971年1月5日，濟南軍區政治部向中共中央軍委、總政治部做了《關於學習貫徹毛澤東「軍隊要謹慎」的指示的情況報告》，報告了「三破三立」的貫徹經驗，即：破一貫正確論，立一分為二的世界觀；破領導高明論，立群眾是真正的英雄的觀念；破驕傲有資本論，立為人民立新功的思想。1月8日，毛澤東下了批示：「此文很好，從理論和實踐的結合上講清了問題。……我軍和地方多年沒有從這一方面的錯誤思想整風，現在是進行一場自我教

育的極好時機了。」中共中央、中央軍委轉發了毛澤東的批示和濟南軍區的報告，全軍開展一場反對驕傲自滿、提倡謙虛謹慎的自我教育運動。運動側重於教育軍隊要放下過去有過「戰功」，和「文化大革命」中又「立新功」的兩個包袱，反對居功自傲、自以為是、軍閥作風、一言堂、弄虛作假、不走正道等歪風邪氣，反對毛澤東指出對內對外的大國沙文主義。毛澤東想要透過這次運動和批陳整風運動，加強黨組織的權威，改變「文化大革命」中形成的軍隊系統領導黨政系統的不正常關係。

1971年1月9日，中央軍委召開了有142人參加的座談會。從1月9日起，軍委座談會的人參加了華北會議。軍委座談會期間，黃永勝、吳法憲、葉群、李作鵬、邱會作未有深刻檢討，毛澤東很不滿意。2月19日，中央政治局在有各大軍區、各省市自治區黨委負責人參加的國家計畫會議上，傳達了毛澤東的指示：「請轉告各地來的同志，開展批陳整風運動時，重點在批陳，其次才是整風。不要學軍委座談會，開了一個月，還根本不批陳。更不要學華北前期，批陳不痛不癢，如李、鄭主持時期那樣。」

2月20日軍委辦事組對毛澤東批評他們不批陳的問題，給毛澤東寫了檢討報告。毛澤東在報告上批示：「你們幾個同志，在批陳問題上為什麼老是被動，不推一下，就動不起來。這個問題應當好好想一想，採取步驟，變被動為主動。」「為什麼老是認識不足？38軍的精神面貌與你們大不相同，原因何在？應當研究。」

黃永勝、吳法憲受到毛澤東接連的批評，預感到大難臨頭，很緊張，吳法憲甚至動過自殺的念頭。他們接連幾次和正在蘇州的林彪、葉群通電話，商量如何過關。在毛澤東緊緊抓住不放的情況下，他們在廬山會議後拖了七個多月，勉強寫出檢討書。毛澤東仍認為他們在批陳問題上遮遮掩掩，和陳伯達劃不清界限。2月24日，毛澤東在黃永勝的檢討上批示：「陳伯達早期就是一個國民黨

反共分子。混入黨內以後，又在1930年被捕叛變，成了特務，一貫跟隨王明、劉少奇反共。他的根本問題在此，所以他反黨亂軍，挑起武鬥，挑動軍委辦事組幹部及華北軍區幹部，都是由此而來。」3月30日，毛澤東又在河北省負責人劉子厚的檢討上批示：「此件留待軍委辦事組各同志一閱。上了陳伯達的賊船，年深日久，雖有廬山以來半年的時間，經過各種批判會議，到3月19日才講出幾句真話，真是上賊船容易下賊船難。人一輸了理（就是走錯了路線），就怕揭，廬山會議上那種猖狂進攻的勇氣，不知跑到哪裡去了。」

對於毛澤東咄咄逼人的嚴厲批評，黃、吳、李、邱對揭批陳伯達沒有多少事情可談，又不敢揭出葉群來，連連打電話向林彪、葉群告急。葉群向他們轉告林彪的話，要他們穩住，沒什麼了不起。黃永勝硬著頭皮在軍委辦事組辦公會上說：「我們的錯誤就那些，在全國檢討也不怕。」李作鵬也附和說：「不怕！」

在林彪的支持下，黃、吳、李、邱把廬山會議上的問題，和軍委辦事組成立三年來的問題，說成是「抓日常工作多」，「思想水準不高」，「開展批評與自我批評不夠」，對毛澤東強調的進行路線教育「沒有真正理解」，「作風上蹲機關多，下部隊少」，「工作中忙忙碌碌，陷於事務主義」。在他們把持的工作部門，不傳達毛澤東對他們的批評，繼續「捂蓋子」。他們這種避重就輕的檢討，在毛澤東那裡肯定是通不過的。

1971年4月，毛澤東派紀登奎、張才千參加軍委辦事組，對黃永勝、吳法憲等人把持的軍委辦事組「摻沙子」。

4月15日至29日，中共中央召開了批陳整風彙報會。中央、地方和軍隊的負責人共99人參加，正在開軍委座談會的143人也參加了會議。會前，毛澤東讓周恩來帶著黃、吳、李、邱和新任北京軍

區司令員李德生，到北戴河看望林彪，想讓林彪出來參加這次批陳整風彙報會。林彪只是說了些讓黃、吳、李、邱檢討的話，自己並不願意參加會議。毛澤東聽了他們回來的彙報，很不高興，當面指著黃、吳、李、邱，十分嚴厲地說：「你們已經到懸崖的邊緣了！是跳下去、還是推下去、還是拉回來的問題。能不能拉回來全看你們自己了！」

批陳整風彙報會開了十五天，前七天主要是討論軍委辦事組黃、吳、葉、李、邱五個人的書面檢討，進行批評和自我批評，後八天才是揭批陳伯達，交流各地批陳整風的經驗。4月29日，周恩來代表黨中央在批陳整風彙報會上做了總結發言，指出：黃、吳、葉、李、邱在政治上犯了方向路線錯誤，組織上犯了宗派主義的錯誤，站到反「九大」的陳伯達分裂路線上去了，希望他們按毛主席的教導，實踐自己的申明，認真改正錯誤。

林集團被毛澤東「抓住不放」，在批陳整風中狼狽不堪，問題欲蓋彌彰。江集團的勢力則趁毛澤東對付林集團之機，有了相當的加強。1970年11月6日，中共中央成立了中央宣傳組織組，由政治局直接領導。它管轄中央組織部、中央宣傳部、中央黨校、人民日報、紅旗雜誌、新華社、中央廣播事業局、光明日報、中央編譯局、工、青、婦的中央機構等等，權力很大。中央宣傳組織組的組長是康生，組員有江青、張春橋、姚文元、紀登奎、李德生。康生在九屆二中全會後就稱病不出，李德生、紀登奎不是江青一夥的，李德生後來調任瀋陽軍區，中央的宣傳組織大權就控制在江青一夥手裡。

中共九屆二中全會後，林彪的性情更為陰沉冷僻，沉默寡言，除聽祕書講點中央傳閱件外，幾乎不再聽講其他任何文件了。中央的會議也不願參加，即使是非去不可的場合，他也是敷衍了事。1971年「五一」節，按以往的慣例，中央領導人都要到天安門上

與中國首都人民同度節日,晚上觀看節日的焰火。毛澤東來到天安門時,中央其他領導人都應該先到了。身為「接班人」、「親密戰友」的林彪,一向準時或提前到達,迎候著毛澤東,這是葉群早就為林辦工作人員安排的「政治任務」。這個「五一」節晚上,林彪卻遲遲沒到,經周恩來再三催促,林彪才姍姍來到天安門露面,帶著一副萎靡不振的神色。他在毛澤東身邊屬於自己的座位上坐了沒幾分鐘,就向毛告別了。黨內第二把交椅的副主席在這種中央領導雲集、外賓出席的公開場合,說來就來,說走就走,讓在場的中央領導和工作人員都大為震驚。林彪似乎是表示他與毛澤東賭氣,似乎是表示他對「接班人」位置不再戀棧。

然而,正當林彪「示弱於形」,擺出一副與毛澤東消極對抗的政治姿態的同時,他的兒子林立果卻壓抑不住心中憤懣,不甘心「副統帥」地位的動搖,遂以不惜拚個魚死網破的決心,與他的密友們開始策劃反毛的軍事政變計畫。

圖謀不軌,林立果密商「五七一」

中共九屆二中全會一結束,林立果就從廬山跑到南方活動去了。不久,林立果和江騰蛟、王維國、陳勵耘進行了一次密談,對九屆二中全會做了分析總結。林立果親筆寫下這次會談的總結要點:

與殲七(按:江騰蛟的代號)、W(王維國的代號)、C(陳勵耘的代號)講,這是一次未來鬥爭的總預演,演習,拉鍊。雙方陣容都亮了相,陳是鬥爭中的英雄,吳是狗熊,我方此次,上下好,中間脫節,三是沒有一個好的參謀長。

這些老總們(按:指黃、吳、李、邱)政治水準低,平時不學習,到時胸無成竹,沒有一個通盤,指揮軍事戰役還可以,指揮政

治戰役不可以。說明了一點，今後的政治鬥爭不能靠他們的領導，真正的領導權要掌握在我們手裡。

盧山上的失敗，使林立果痛心疾首，他對黃、吳、李、邱感到非常失望，對葉群更看不起，認為他們不堪頂起中國政治鬥爭的大局面。「天將降大任於斯人也！」林立果不無狂妄地認為，今後中國的政治鬥爭要靠他為核心的那些少壯派人馬了。

林立果的宗派小圈子是在他為首的空軍司令部黨委辦公室調研小組基礎上發展起來的，多為三十歲上下的青年軍官，其骨幹成員就是空軍黨辦的一批人。周宇馳（空軍黨委辦公室副處長）、于新野（空軍黨委辦公室副主任）、劉沛豐（空軍黨委辦公室處長）、劉世英（空軍黨委辦公室副主任）、程洪珍（空軍黨委辦公室一處祕書），還有空軍司令部副參謀長王飛、胡萍等人。他們職務並不高，但能量很大。1970年秋，林立果看了國外第二次世界大戰題材的電影《啊！海軍》、《山本五十六》，對其中描繪的「武士道」精神極為欣賞。他對自己的小集團提出「要有江田島作風」，並模仿電影為自己的小團體取名為「聯合艦隊」。林立果自稱旗艦，根據英語COMMANDER（司令官）的諧音，為自己取了個代號「康曼德」。此後，他們的小圈子裡，用「聯合艦隊」的稱謂表示他們小集團的活動。

林立果少年時代性格內向，葉群送他到羅瑞卿家玩，連羅家的女孩子都拿他的醜腓開玩笑，說他小名叫老虎，卻像隻小貓。成年後，他也不擅交際，在一些代表林家出面的交際場合，連一般百姓熟悉的客套話都不會說。但是，他生活在這樣一個家庭裡，從小就受到有關的政治薰陶，養成了畸形的心理和人格特點。雖然林立果不諳世事，但對中國政治操作中最微妙之處卻頗有所悟。來往盡是權貴的優勢家庭地位，如過江之鯽的逢迎拍馬者，養成了他傲橫的心態。林彪也有意地培養他，一些重要報告要他參與起草，許多重

大問題要他發表意見。林立果在二十歲時就能接觸到發給林彪的機密文件和各種資料，能夠了解到高層政治鬥爭的內幕。毛頭小夥子的目空一切和「超天才」的勃勃野心，構成了林立果特有的狂妄性格。當林集團在廬山受挫後，他便自己著手組織這場「捍衛接班人」的行動。

1970年12月1日，林立果一夥對空軍機關的「骨幹」進行了排序。林立果說：「人家搞整黨建黨，我們清理骨幹隊伍。要純潔隊伍，找薄弱環節，有無假左派、內奸。不要讓壞人混進來。」除他們「艦隊成員」外，他們把其他人分成四類：接近核心的、比較接近核心的、外圍的、靠近的。

1971年2月8日，周宇馳召開「艦隊會議」，部署蒐集情報。周宇馳在會上講了蒐集情報的重要性，提出蒐集情報的要點：「重要情況與非重要情況：上邊與下邊比，上邊重要。死情況與活情況，活情況重要。等情況與主動蒐集情況：不滿足於等情況，應主動挖掘新情況。」他還對「艦隊成員」提出要求，「每個人每個時期都連續不斷地掌握一兩個問題」，報情況要「簡明、扼要、一語道破」。

在林立果的小集團中，也有一些五十歲左右的將領，江騰蛟是其中最為關鍵的人物。在1964年，葉群到江蘇太倉縣四清時，時任上海空四軍政委的江騰蛟，就藉機與林家扯上關係。1966年11月，葉群把兒子送到上海委託江騰蛟照料，江騰蛟對他們伺候周到，照顧備至，並在1967年2月親自送他們回京，深得林家的歡心。1966年10月，葉群為了討好江青，派上海空四軍的人冒充紅衛兵，查抄了上海文化界人士鄭君里、顧而已、趙丹等五人的家，尋找江青的一封信，以遮掩她當年混跡上海文藝界時的緋聞。這件事就是江騰蛟經手親辦的。不久，江騰蛟就調任南京軍區空軍政委。

1968年，南京軍區空軍黨委改組，免去了江騰蛟的政委職務。南京空軍機關還要批判他，林彪、葉群立即出面保護。葉群給吳法憲打電話說，沒有林彪的命令，不准江騰蛟離開北京。林彪、吳法憲曾要安排江騰蛟擔任空軍政治部主任，毛澤東在空政文工團陪舞的女演員那裡知道了這件事，明確指示：此人不能重用。毛澤東似乎對江騰蛟有著天生的反感，曾幾次發話不肯用他，空軍政治部主任一職只能泡湯了，江騰蛟成了個賦閒的人。林彪、葉群對江騰蛟非常關心，多次在家裡接見他和他的家人。在江騰蛟賦閒著急的日子裡，葉群為他送錢，給予安撫。1969年6月，林彪還親自跟他談話：「有職務沒職務一樣幹革命，不要看這個委員，那個委員，暫時現象，將來還會變化的。江騰蛟對林彪的暗示心領神會，當即向林彪表示忠心。1970年，南京軍區大抓「五・一六」分子，涉及江騰蛟等人，又是林家出面保他過關。從1965年1月到1969年6月，林彪先後六次接見江騰蛟。

江騰蛟對林家感恩戴德，一再表示肝腦塗地，在所不惜。他從1968年以後，給林彪、葉群、林立果寫了二十多封效忠信，江在信中再三表示忠心：「我非常明白，是首長和主任救了我。」「沒有首長，就沒有我的一家，沒有我的一切」，「沒有別的，只有一條誓言」，「不管任何時候，需要我幹什麼，下命令吧！我江騰蛟絕對不說一個難字。」他知道林家對兵權的重視，1970年5月，江騰蛟特地從廣州打電話給空四軍政委王維國，要求他把部隊建設成林彪「鞏固的基地、安全的基地、放心的基地、信任的基地」。

對於林家交代的事情，江騰蛟都非常賣力。葉群要為林立果在全國選對象，江騰蛟夫婦鞍前馬後地跑上跑下，不辭勞苦。他和他原來帶過的老部隊，空四軍軍長周建平聯繫，交代林家的找人任務，安排專門人員，在1969年6月底，祕密成立了上海「找人小組」。「找人小組」由軍長周建平、政委王維國直接領導，組織處

長襲著顯任組長,成員有八人。組長和幾位組員是江騰蛟指定的,有幾位是他過去的祕書。

王維國對參加小組的人說:「你們的任務就是為無產階級司令部找人,其他工作不要管了,要專心致志地去找人,這是一項很重要、很光榮的任務。」「這是為天才人物選助手,是有偉大深遠意義的。」這麼興師動眾地「選妃」,畢竟不是什麼光彩的事情,但為了攀上林家的大樹,他們早把黨性原則變成了封建的效忠。「找人小組」為在上海這個人多嘴雜的大都市中掩人耳目,「找人」活動都是祕密進行的。

1970年初,林立果到上海審查「找人小組」找到的美女人選,對小組提出,以後直接和他聯繫。此後,「找人小組」便由林立果直接控制。不久,林立果又把它改建成從事他們政治陰謀活動的「上海小組」。

在林立果廣州的據點裡查獲的「入組須知」,清楚地表明了上海小組的性質。「本小組的任務,是為完成無產階級司令部直接交代的各項任務。因此,每個成員必須具有無限忠於偉大領袖毛主席,無限忠於敬愛的林副主席,忠於葉主任、忠於林副部長的深厚的無產階級感情。在為完成這些光榮任務和捍衛無產階級司令部的安全過程中,應不惜犧牲自己的鮮血和生命!……」它以林立果為小組的最高領導,對他的指示「必須認真領會,句句照辦,字字照辦」,「小組的一切活動均是絕對機密,未經請示和未得指示時,不得向任何人洩露和了解情況」。

上海空軍與張春橋、姚文元在「文化大革命」中向來有磨擦。

廬山九屆二中全會後,政治風向大轉,江集團的勢力膨脹起來了。處於江集團根據地上海的王維國,以及浙江的陳勵耘等,都是緊跟林集團的,在九屆二中全會上,又跟著吳法憲放過炮,此時均

感到壓力陡增，日子不好過了。

王維國1970年11月派人去廣州見林立果，聽取林立果對當前局勢的意見。11月30日，上海「找人小組」開會傳達討論了林立果的「指示」，討論記錄如下：

一、是戰略方針，全局在胸，是應付大風大浪的準備階段。二、打基礎，做基層、群眾、部隊工作。使毛澤東思想武裝群眾，聚集力量，立於不敗之地。三、一定意義上說是在敵強我弱情況下，在不利於我的情況下，休養生息，讓步退卻。因此是保存力量，隱蔽力量，聚集力量。不要去打硬拚仗，不要搞『碉堡戰術』。十六字方針，八字方針。四、我們的退卻要最有組織，要損失最小，反對莽撞、二桿子、亂捅、出風頭、冒險家。強調組織紀律性，不失組織原則。不要授人以柄。五、隊伍內部要團結，一致對外。

從中可見，林立果這時的思路是，要穩住陣腳，收縮隊伍，不要因廬山會議暫時的失利而暴露了全部力量，要重新集聚力量，以圖用在關鍵時刻的一搏上。

1971年2月，林彪、葉群、林立果來到了蘇州。這時，毛澤東在北京接連對黃、吳、李、邱提出嚴厲的批評，指責他們批陳不力，搞得他們很緊張，檢討總過不了關。毛澤東對黃、吳、李、邱的批評是意在沛公，問題的根源在林彪。在蘇州的林彪、葉群、林立果對此很清楚，他們感到了更大的危機正在來臨。林立果心急火燎，加緊在南方的聯絡活動。

2月21日，林立果和于新野來到杭州，會見空五軍政委陳勵耘。周宇馳也在3月上旬趕到杭州。林立果在杭州停留了近一個月，與陳勵耘接觸了九次。他們商談了九屆二中全會後的政治動向，認為現在政治鬥爭複雜，筆桿子壓了槍桿子，實質上是爭奪接班人的問題。他們還商量了對策。陳勵耘向他表示了對林家的忠

誠。

　　3月18日，林立果、于新野從杭州抵達上海。空四軍政治處副處長、「聯合艦隊」成員李偉信負責接待他們。當晚，林立果在臥室對于、李說：「根據目前局勢，要設想一個政變計畫。」他叫他們要立即通知剛回北京的周宇馳速來商量，並要于新野暫時不回北京，主要處理這件事。林立果還說：「剛才已經把我們在杭州研究的情況，給『子爵號』（按：英國飛機名，林立果借用給葉群取的代號）說了一下，她說在上海要注意隱密、安全。」

　　20日，周宇馳急忙從北京趕來，當晚就與林立果密談到深夜，還把于新野叫去了。21日，林立果、周宇馳、于新野繼續密談，李偉信也在場。林立果說：「目前從各地區實力來看，首長（指林彪）講話，還是有一定作用，這件事與首長談過，首長說先搞個計畫。」

　　在這次會上，林立果認為當前的形勢，「在全國範圍內，首長的權力勢力，目前還是占絕對優勢，是一邊倒的，是最好的時機。但是可能逐漸削弱中。張春橋他們文人集團的力量正在發展，因為九大以後，全國局勢基本穩定，在和平時期，文人方面的工作和力量勢必要發展。」林立果賣弄辯證法，把林集團逐漸失落的態勢說成：「從事物發展的規律來說，好到一定程度，就要向相反方向轉化，這是交叉發展規律。」林立果忿忿地說：「主席一貫這樣，一會兒用這邊力量，一會兒用那邊力量，用這樣的辦法玩弄平衡。目前的發展趨勢是用張春橋。」

　　林立果他們研究了林彪接班的情況，認為有三種可能性：和平接班；被人搶班；提前搶班。談到「和平接班」的可能性，周宇馳有些樂觀地說：「五、六年就差不多了，甚至可能更短。」林立果馬上否定說：「五、六年還接不了班。即使五、六年，其中變化就很大，很難說首長的地位還一定保得住。當然和平過渡的辦法最

好。」談到「被人搶班」，趕下台的可能性時，周宇馳認為一下子還不可能，最起碼要三年以後。于新野表示贊同，說：「首長是主席自己樹起來的。」林立果陰陰地說：「劉少奇不也是他立的嗎？」毛澤東既然能個人確定林彪為接班人，那把林彪拿下來，更換其他人選，也並非不可能的事情。他們認為「和平接班」的可能性不大，林彪有可能隨時被趕下台，於是著重研究了「提前搶班」的可能性。他們提出了「提前搶班」的兩種辦法：第一種辦法是，把最有可能替代林彪的張春橋這一夥搞掉，保持林彪的地位不變，再「和平過渡」。第二種辦法是，直接搞掉毛澤東。但他們又考量到毛澤東在全黨、全軍、全中國人民中的崇高威信和巨大的影響，擔心以後政治上不好收拾，政治風險太大，又說盡可能不這樣幹。實際上，他們是把謀害毛澤東的第二種辦法作為最後手段。周宇馳說：「當然，一定要這樣做也可以想辦法，如：把主席軟禁起來談判；也可以把主席害了，再嫁禍於人，把汪東興、張春橋叫去，把他們搞掉，就說他們與王、關、戚有關係，謀害主席，或者找幾個人替死。到那個時候，反正是首長掌權，事後處理，首長是可以出來說話的。但是這樣幹，首長在政治上要付出很大的代價。」

　　林立果一夥商定的方針是：爭取和平過渡，但是做好武裝起事，「提前搶班」的準備。目前首先要做兩件事：一是搞個武裝行動的計畫；二是組建一支武裝力量，讓空四軍組建個教導隊。

　　他們商量制定武裝起義的行動計畫，為了替計畫取什麼代號議論好久，最後林立果決定，就叫「五七一」工程計畫。「五七一」取自「武裝起義」的諧音。在計畫內容上，林立果這時針對的目標還是張春橋、姚文元一夥「文人集團」。林立果說了說解決的辦法：「讓上海小組帶著教導隊，先把張、姚幹掉，可由王維國請張、姚來，或叫警衛處長帶領去張春橋家。」林立果接著說：「幹掉張、姚後，讓王維國、陳勵耘，必要時抽調南京空軍的一部分力

量，控制上海局勢，然後串聯全國的力量，發表支持聲明，逼中央表態支持。假如南京軍區許世友出兵干涉，由王維國他們保衛上海，形成對峙局面，再和平談判。最壞的打算，是上山打游擊，先往浙江方向。」林立果還說：「這些問題，這次去杭州與陳勵耘商量了一下。我看這個計畫，就按在杭州商量的框框，由于新野來寫。」

他們商量要組建一支聽命於他們的武裝隊伍。林立果說：「以培養基層幹部為名，建立教導隊。要精幹、保密。一百人左右。要給教導隊多配些汽車和槍，增加機動能力。」他們還提出，教導隊軍事上要多學幾手，政治上要培養對林彪、林立果的感情。教導隊由上海小組領導。

會後，林立果、于新野立即著手制定《「五七一工程」紀要》。從22日到24日，于新野寫出《紀要》草稿。林彪叛逃後，在空軍學院「聯合艦隊」的祕密據點裡查出了這個《紀要》草稿。它寫在一個小活頁本上，上面是于新野凌亂筆跡草寫的「五七一工程紀要」內容，頁碼編到24頁，大約五千字的樣子。後來也沒查出《紀要》有正本。

《「五七一工程」紀要》有九個方面。一.可能性；二.必要性；三.基本條件；四.時機；五.力量；六.口號和綱領；七.實施要點；八.政策和策略；九.保密與紀律。

《「五七一工程」紀要》對中國政局的估計是：中共九屆二中全會後，政局不穩，軍隊受壓，中國正進行一場有利於筆桿子，不利於槍桿子的和平演變式政變。B-52（聯合艦隊替毛澤東取的代號）好景不長，急於安排後事。對方目標在更改接班人，新的奪權鬥爭勢不可免。「如其束手被擒，不如破釜沉舟」。因此，他們要搞「五七一」工程，「以暴力革命式的突變來阻止和平演變式的『反革命』漸變」。它狂妄地宣稱，在全國，只有他們有這個力

量,「革命的領導權歷史地落在我們艦隊頭上」。

《「五七一工程」紀要》反映出林、江集團的尖銳矛盾和激烈衝突,它把江集團稱為「筆桿子託派集團」,說「筆桿子託派集團正任意篡改、歪曲馬列主義,為他們的私利服務」,「他們的革命對象實際是中國人民,而首當其衝的是軍隊和與他們持不同意見的人」,「他們的社會主義實質是社會法西斯主義。」並把中國的社會主義體制說成是「掛著社會主義招牌的封建王朝」。實際上,林、江兩個集團在搞封建法西斯主義上,是不分軒輊的。

《「五七一工程」紀要》肆無忌憚地抨擊毛澤東,說:「他不是一個真正的馬列主義者,而是一個行孔孟之道,藉馬列主義之皮,執秦始皇之法的中國歷史上最大的封建暴君。」「他是一個懷疑狂、虐待狂,他整人哲學是一不做、二不休。他每整一個人都要把這個人置於死地而方休,一旦得罪就得罪到底,而且把全部壞事嫁禍於別人。」林彪對毛澤東長期陽奉陰違,在公開場合他是「跟得最緊」、「舉得最高」,私下裡林彪卻時時對家人議論毛澤東和其他中央領導的是非。林立果是在這樣的政治家庭中長大的,對政治權術頗有心得,在他那個小集團裡也非議毛澤東。一旦毛澤東對林彪有所觸動,危害了他們家族集團的利益,他們便激憤填膺,立場陡變,將一腔激怒的怨恨,集中到了《紀要》的文字上。從這些文字中,不難看出有林彪私下裡談話的餘音。《紀要》還提出了「打倒當代的秦始皇——B-52」的口號。但他們也知道毛澤東在全黨、全軍和全中國人民中不可企及的威望,所以在策略上提出,「打著B-52的旗號,打擊B-52的力量。」

《「五七一工程」紀要》確定了兩個動手時機:一是他們準備好了,能吃掉對方時;一是當對方要吃掉他們時,則不管準備好了沒有,都得破釜沉舟。它還確定了各種動手的手段:對毛澤東與其他中央領導人預設埋伏的自投羅網,利用高層會議動手的一網打盡

式；先斬「爪牙」，造成既成事實，迫B-52就範的「逼宮形式」。還準備使用「特種手段，如毒氣、細菌武器、轟炸、543、車禍、暗殺、綁架、城市小分隊」。

《「五七一工程」紀要》也說出了一些中國社會的真實情況，如：「十多年來，國民經濟停滯不前」，「群眾和基層幹部、部隊中下層幹部實際生活水準下降」，「黨內長期鬥爭和文化大革命中被排斥和打擊的幹部敢怒不敢言」等。其目的是煽動人民群眾的不滿情緒，以便為他們小集團操縱利用。《紀要》中提到「文化大革命」給中國人民帶來的災難性問題，極有煽動性和蠱惑力。如它說「農民缺吃少穿」，「青年知識分子上山下鄉，等於變相勞改」，「機關幹部被精簡，上五七幹校等於變相失業」，「工人（特別是青年工人）工資凍結，等於變相受剝削」。事實上，林集團也是製造這些災難性問題的主要禍首之一。它提出的這些問題，是為了把一切罪責諉過他人，撇清自己在製造這些災難中的歷史責任，從而把自己打扮成為中國人民救苦救難，帶來「民富國強」的「救星」。不難想像，一旦他們的陰謀得逞，給中國人民帶來的不會是民主和富強，而是地地道道的軍事法西斯專政。

為協調上海、南京、杭州三地的力量，在3月底，林立果主持召開了所謂「三國四方會議」。

1971年3月31日，林立果召集江騰蛟、王維國、陳勵耘和剛從空四軍軍長調任南京空軍副司令員的周建平到上海開會。會議開了三、四個小時。林立果在會上發表了系統發言，他說：「廬山會議的鬥爭，都是葉主任和幾個老總搞壞的。丘八鬥不過秀才。廬山會議後，軍隊受壓，軍委辦事組受壓，抬不起頭來，現在軍隊的日子難過啊！廬山會議上，吳胖子把王政委、陳政委出賣了。首長聽說你們受了損失，心裡很難過。現在沒有暴露的，再不能暴露了。倒

一個，就垮一片。現在的鬥爭，是爭奪接班人的鬥爭，就是爭奪領導權的鬥爭。主席的班，靠誰來接？張春橋算老幾！一不會做工，二不會種田，三不會打仗，就是會造點輿論。就那麼點本事。」林立果說：「上海有王政委，杭州有陳政委，我們很放心。」林立果想把上海作為鬥爭的重點，建立以上海、杭州、南京三點構成，對付張、姚「文人集團」的戰線。他以抓部隊工作為名，在組織上做了明確分工，王維國為上海的指揮官，陳勵耘為杭州的指揮官，周建平為南京的指揮官。林立果說：「當前的主要工作是掌握部隊。杭州、南京、上海的情況各不同，可以允許有不同做法。」「江騰蛟是你們的老政委，負責拉總（總負責人），進行三點聯繫，相互配合，協同作戰。」

他們借用正在廣州召開，解決印度支那問題的越南南北方、柬埔寨、寮國最高級領導人會議的名稱，把這次會議稱為「三國四方會議」，即上海、杭州、南京為「三國」，江、王、陳、周為「四方」。

這次「三國四方會議」對執行《「五七一工程」紀要》做了組織上的準備和分工。「聯合艦隊」對這次會議是滿意的，認為：「會議是成功的，達到了預期效果。團結的氣氛比較好，解決了對當前東南形勢的看法和認識：一.主要矛盾在上海，在張、姚。二.加速我們的準備。三.組織上明確了上海、杭州、南京三點的頭，江負責三點聯繫。」但這時還沒授予江騰蛟指揮權。實際上，直到政變前夕，江騰蛟一直不知道《「五七一工程」紀要》。

「三國四方會議」後，江騰蛟就和空四軍軍務處長蔣國璋、組織處長龔著顯研究了組建教導隊的具體事宜。會後第八天，4月9日，由王維國主持組建，「上海小組」集體領導的「教導隊」正式成立。教導隊的編制為三個區隊，九個班，每班十二人。隊員是精

心挑選出來的，身體要一百八十公分上下，身強力壯。為便於控制部隊，凡北京、上海、廣州等大城市來的兵，高幹子弟一律不收；學「毛著」積極分子也不收。教導隊裝備精良，除一般的戰術、技術訓練外，每個人還要學會駕駛各種車輛，還進行了巷戰和格鬥的特種訓練。

為把「教導隊」培養成誓死捍衛林彪地位的「堅強戰鬥集體」，他們在教導隊的「政治教育」上煞費苦心。1971年4月24日晚，他們研究對教導隊政治培養的教育方針，是「培養對首長、立果的感情，但在提法上要策略，不要讓人家做文章」。教導隊成立的第一天，就給每人發下一本林立果的「講用報告」，學習一個半月，以培養對林家的感情。「教導隊」在寫給林立果的決心書中提出：「為誓死捍衛林副主席最高副統帥地位，為誓死捍衛您——我們的好領導，不怕犧牲，不怕坐牢。只要您一聲令下，我們就立即行動，您指向哪裡，我們就衝向哪裡。」

在廣州，他們搞的小組織是「戰鬥小分隊」。「戰鬥小分隊」本是廣州民航局宣傳隊，原來只有十三個人。1971年，林立果為擴大自己的組織，授意廣州民航局政委米家農把它發展到八十多人，林立果稱它為「我的一支小分隊」，宣傳隊頭頭遂以「戰鬥小分隊」相稱，還編寫了「戰鬥小分隊」的隊歌，歌詞充滿了雲天霧海的吹捧之詞，如：「副部長和我們心連心，緊跟副部長戰鬥終身」，「緊跟副部長奔向前方」，「戰鬥在副部長身旁，無限幸福無限榮光」之類。

林立果及其同黨先後四十多次看他們排練，下指示，提出要把「戰鬥小分隊」「建設成捍衛林副主席和副部長的堅強戰鬥堡壘」。他們還經常組織隊員，集體向林彪、林立果宣誓效忠。1971年5月21日的誓詞是這樣的：「我們在鬥爭中認識副部長，在鬥爭中選準副部長，在鬥爭中宣傳副部長，在鬥爭中捍衛副部長，

在鬥爭中緊跟副部長，永遠緊跟副部長，革命到底志不移！」

「戰鬥小分隊」內部制定有嚴格的紀律，不准向外洩露小分隊的情況，不准單獨行動，不准戀愛結婚，不准隨便打電話，通信要經過審查，不准探親和親友來隊等等。另外，他們還規定了相互聯絡的暗號，把一個宣傳隊搞得充滿著詭祕。

1971年4月，中共中央召開批陳整風彙報會。林集團非常緊張。林立果認為會議有三種可能性：一般地談一下；整到軍委辦事組；整到林彪頭上。他後來預估前兩種可能性大。在批陳整風彙報會上，黃、吳、葉、李、邱都做了檢討，毛澤東下了批示。4月23日晚，「聯合艦隊」主要成員周宇馳、劉沛豐、于新野等開會討論中央正召開的批陳整風彙報會議情況，認為會議的編組和廬山會議的編組一樣，中央擺出了「算舊帳姿態」，黃、吳、李、邱、葉會前都寫了書面檢討。江集團攻勢咄咄逼人，「上海王洪文、徐景賢衝鋒陷陣，除攻打軍委辦事組外，還把王維國、陳勵耘點名了」。因此，「根據鬥爭形勢，準備加快、提前」實施《「五七一工程」紀要》。

林立果的「聯合艦隊」在各方面加緊實施《「五七一工程」紀要》的各種準備活動，這些活動包括：建立政變的組織和據點，製造政變輿論，拉攏一些部門和軍隊的領導幹部，蒐集建立中央領導人的「專案」資料，祕密組織武裝力量和特務組織，建立情報網和通訊網等等。他們經常祕密活動的地點有，北京「反帝路」空軍招待所，北京西郊機場「工字房」，空軍學院13、14號樓，空軍某高級專科學校5號、7號樓，上海鉅鹿路招待所，廣州機場賓館三樓等地，廣州白雲山、上海新華一村還在修建新的活動據點。

4月26日，于新野到上海，向「上海小組」講了嚴格保密問題，對政治情報、小組活動、思想以及教導隊的情況，要「絕對保密」。江騰蛟和王維國最近講的問題，「不准跟任何人講，作為一

條紀律，死命令」。于新野要「上海小組」做好準備，「小組集體領導，分工負責，小組全權負責」。

5月23日，周宇馳開始祕密進行「雲雀」直升機的駕駛訓練。7月至9月初，周宇馳借飛行訓練的名義，先後到南昌、廬山、廣州、鄭州、北戴河等地活動。

6月初，民航總局政委劉錦平到上海活動，向「上海小組」進行「路線說明」。他說：「批陳還沒有結束，新的鬥爭苗頭已經看得很明顯，有那麼幾個人做文章，矛頭對著林副主席，一時很囂張。新條件下，兩條路線鬥爭越來越成為階級鬥爭的新形勢，兩條路線鬥爭越來越敏感、明顯、複雜，焦點就是接毛主席的班，是承認林副主席，還是另選一個什麼人。……要警惕，防止另外的人搶班。寫上了是一回事，是否所有人都承認，能否實現，並不是完全沒有問題，可能要鬥爭，並可能產生嚴重的鬥爭，思想上、組織上要做好準備，迎接新的鬥爭。當前的鬥爭就是保衛接班人的鬥爭。」

6月7日，林立果向廣州民航管理局大隊以上的幹部講話時說：「那些龐然大物沒有什麼可怕，一開始氣勢洶洶，想一口把我們吃掉，公開點名唬我們。」「只要我們政策策略對了，只要我們團結起來，沒有什麼可怕。」

7月9日，林立果到駐汕頭的空十二軍活動，隨後在空九師組織召開飛行安全經驗現場會，各大軍區都有部隊參加會議。

7月14日，林立果在廣州民航總局說：「當前路線鬥爭尖銳複雜。9月分中共中央召開三中全會，10月召開四屆人大，可能出現權力重新分配，我們要去鬥爭，要搞根據地。」

7月17日，林彪、葉群從北京去北戴河。葉群對別人說是為了「避嫌」。

7月下旬，林立果、劉沛豐搭乘專機到北戴河。接著，林立果又帶著于新野、李偉信、程洪珍等人，到深圳、尖沙嘴一帶活動，並在飛機上航測香港及周圍地形。林立果說：「萬一情況緊急，可以讓首長到香港指揮、遙控。」

7月30日，林立果等人回到北京。

8月1日凌晨零點到兩點，「聯合艦隊」在西郊機場「工字房」召開艦隊成員會議，林立果在會上總結了一年來的活動情況。周宇馳在總結發言中鼓吹林立果是「黨和國家最好的接班人」，是「領袖」，要大家「進一步掌握好部隊」、「注意隱密」、「不要暴露」，要「堅定不移」、「不當叛徒」、「準備流血犧牲」。

8月初，于新野、程洪珍等人給在北戴河的林立果送去了通訊器材和兩輛水陸兩用汽車，供林立果與他們聯絡，和在北戴河海面上訓練使用。

南方巡視，毛澤東釜底抽薪

中共九屆二中全會後，連續召開了華北會議、軍委座談會、批陳整風彙報會，解決陳伯達和林彪一夥在廬山上搞陰謀活動的問題。毛澤東採取「甩石頭」、「摻沙子」、「挖牆腳」三項方法，削弱林集團的權勢，並進一步觀察他們的動向。

但在林彪支持下，黃、吳、葉、李、邱遲遲不做深刻的檢討，還想「捂蓋子」。批陳整風彙報會上，中共中央發給總參和軍委系統六十多份有關他們檢討的文件，可是黃永勝把持的軍委辦事組把這些文件扣住了，只下發了七份，而且傳達的範圍非常小。毛澤東對他們的表現極不滿意，認為他們還在搞鬼。

1971年7月，美國總統國家安全事務助理季辛吉祕密訪華，這

是中美關係凍結了二十二年後的重大事件。7月9日，周恩來結束了和季辛吉會談後，帶著總參二部副部長熊向暉去向毛澤東彙報。毛澤東出人意料地沒聽關於會談情況的彙報，而是向熊向暉問起總參批陳整風的情況。當毛澤東得知熊向暉竟不知道黃、吳、葉、李、邱檢討的事，立刻警覺起來，生氣地說：「他們的檢討是假的。廬山的事情還沒有完，還根本沒有解決。這當中有『鬼』，他們還有後台！」

毛澤東決定進行一次南巡，以便在更大的範圍「揭蓋子」，讓更多黨的高階幹部，尤其是各大軍區負責人知道林彪一夥的錯誤，別再盲目地跟他們跑，徹底挖一挖林彪的牆角，進一步削弱他們的影響和權勢，為即將召開的中共九屆三中全會做準備，同時也是為了預防這些掌兵權的人再搞出什麼名堂。毛澤東說：「陳伯達周遊華北，到處遊說。我要學他的辦法，到南方去遊說各路諸侯。」

1971年8月15日13點，78歲的毛澤東在中央辦公廳兼中央警衛團負責人汪東興、張耀祠的陪同下，搭乘專門列車離開北京。毛澤東專門列車警備森嚴，有前衛開道車，後有壓尾車，汪東興親率中央警衛團幹部隊一百多人護衛左右。

毛澤東專門列車於16日抵達武漢，毛澤東和武漢軍區政委兼湖北省負責人劉豐談了話。17日，毛澤東把河南省負責人劉建勳、王新召到武漢，連同劉豐一起談話。25日，將已經調到國務院工作，但仍兼湖南省負責人的華國鋒，從北京找到武漢談話。27日下午兩點，毛澤東離開武漢，在火車上又與劉豐談了一次。

27日晚，毛澤東抵達長沙，晚上九點與湖南省負責人卜占亞以及隨同到長沙的華國鋒談話。28日晚，毛把廣州軍區兼廣東省負責人劉興元、丁盛和廣州軍區第一政委、廣西自治區負責人韋國清召來長沙談話。30日上午，又和他們五人集體談話。

8月31日晚，毛澤東到達南昌。江西省負責人程世清和奉命於

上午抵達的福州軍區司令員兼福建省負責人韓先楚去車站迎接，毛澤東與他們在火車上談話兩個小時左右。9月1日上午，南京軍區司令員兼江蘇省負責人許世友奉命趕到南昌，當天下午和9月2日上午，毛澤東與程、韓、許三人談話兩次。

毛澤東南巡幾次談話的主要內容大致上差不多，毛澤東強調「三要三不要」的原則，即：要搞馬克思主義，不要搞修正主義；要團結，不要分裂；要光明正大，不要搞陰謀詭計。他說：「思想上政治上的路線正確與否是決定一切的。黨的路線正確就有一切，沒有人可以有人，沒有槍可以有槍，沒有政權可以有政權。路線不正確，有了也可以丟掉。」毛澤東歷數中共五十年來的十次路線鬥爭，講人心黨心，黨員之心不贊成分裂。

毛澤東著重講了1970年廬山會議上的鬥爭，把它放到黨的第十次路線鬥爭極嚴重的路線高度提出來了，點名批評林彪、陳伯達、黃永勝、吳法憲、葉群、李作鵬、邱會作等人。毛澤東說：「他們先搞隱密，後搞突然襲擊，五個常委瞞著三個，也瞞著政治局的大多數同志。」「那些大將，包括黃永勝、吳法憲、葉群、李作鵬、邱會作，還有李雪峰、鄭維三。他們一點氣都不透，來了個突然襲擊。」「我看他們的突然襲擊，地下活動，是有組織、有綱領的。綱領就是設國家主席，就是『天才論』，就是反對『九大』路線，推翻九屆二中全會的三項議程。有人急於想當國家主席，要分裂黨，急於奪權。」「林彪同志的那個講話，沒有跟我商量，也沒有給我看。」「這次廬山會議，又是兩個司令部的鬥爭。」毛澤東將九屆二中全會上的事件放到「第十次路線鬥爭」、「奪權」、「兩個司令部」的高度提出來了，說明他把問題的嚴重性升級了。這是要進一步繼續收拾林集團的信號。

毛澤東特別講了林彪，口氣相當重。他說：「廬山這一次鬥

爭，與前九次不同。前九次都有結論，這次保護林副主席，沒有做個人結論，他當然要負一些責任。」「我與林彪同志談過，他有些話說得不妥嘛。比如他說，全世界幾百年，中國幾千年才出現一個天才，不符合事實嘛！……什麼『頂峰』啦，『一句頂一萬句』啦，你說過頭了嘛。……什麼『大樹特樹』，名曰樹我，不知樹誰人，說穿了是樹他自己。還有什麼中共人民解放軍是我締造和領導的，林親自指揮的，締造的就不能指揮呀！締造的，也不是我一個人嘛。」

毛澤東對這些年來林彪主持的軍隊工作做了批評，「現在是只搞文不搞武，我們的軍隊成了文化軍隊了」，「一好帶三好，你那一好也許帶得對，也許帶得不對。還有那些積極分子代表大會，到底效果如何，值得研究」。

對於廬山會議後的問題，毛澤東說：「廬山這件事，還沒有完，還沒有解決。」他還表示，「對路線問題，原則問題，我是抓住不放的。重大原則問題，我是不讓步的」，「雖然在北京開了工作會議，幾個大將做了檢討，但吞吞吐吐」，「林彪不開口，這些人是不會開口的」。毛澤東擲地有聲地說：「我就不相信我們的軍隊會造反，我就不相信你黃永勝能夠指揮解放軍造反！軍下面還有師、團，還有司、政、後機關，你調動軍隊搞壞事，聽你的？」毛澤東敲山震虎地講到了葉群、林立果，他說：「我一向不贊成自己的老婆當自己單位的辦公室主任。林彪那裡，是葉群當辦公室主任，他們四個人（指黃、吳、李、邱）向林彪請示問題都要經過她。」毛澤東不點名地批了林立果，「二十多歲的人捧為『超天才』，這沒有什麼好處」。雖然毛澤東也表示「對林還是要保」，「回北京以後，還要再找他們談談。他們不找我，我去找他們」。但他又說「可能救不過來」，「犯了大原則的錯誤，犯了路線、方

向錯誤，為首的，改也難」。

「文化大革命」中，軍隊勢力畸形膨脹起來，林集團漸成尾大不掉之勢，這和中共歷來「黨指揮槍」的原則是相違背的，在社會進入正常秩序時，尤見其弊端重重。而且，當時也只有毛澤東具有解決這些問題的威望和能力。他曾在一些場合說：「現在我要管軍隊的事，軍隊要統一，要整頓，強調『一切行動聽指揮』。」毛澤東南巡的一個重要意圖，就是防止這些帶兵的人出問題。毛澤東為了消弭林集團在「文化大革命」中形成的盤根錯節的關係，使軍隊工作走向正常化，在南巡談話時，再三強調軍隊要重申的「三大紀律八項注意」。他還指揮領導幹部和車上工作人員唱「國際歌」和「三大紀律八項注意歌」。毛澤東感慨地說：「現在就是有幾條記不清了。」毛澤東還對與林彪、黃永勝他們關係密切的一些地方黨政軍負責人談話，敲打他們，要他們「一切行動聽指揮」。實際上就是告訴他們要聽他的指揮，不要再盲目地跟著林彪一夥跑。在長沙，他當著許多人的面，對廣州軍區的負責人劉興元、丁盛責問道：「你們和黃永勝關係這麼密切，來往這麼多，黃永勝倒了，你們得了？」

毛澤東並不知曉林集團的「聯合艦隊」有對他圖謀不軌的意圖，但他一生都在搞激烈的階級鬥爭和複雜的黨內鬥爭，對歷史上和現實中的政治鬥爭險惡風波非常熟悉，政治嗅覺極為敏銳，警覺性非常高。這次南巡，是在「文化大革命」「全面內戰」剛剛平息下來的時候，黨和國家的綱紀法度還未恢復，毛澤東又是要對付掌握著兵權的林集團，自然更加警覺，注意所發生的一切異常現象。

在南昌時，毛澤東就已經得知林彪、林立果一夥不大正常的情況反映。江西省委和省軍區的負責人程世清在廬山會議上也是積極參與起鬨，要求設國家主席的，批陳整風彙報會把黃、吳、葉、李、邱的問題挑開來，他心裡發毛。他想在毛澤東南巡到南昌的機

會，主動向毛澤東講清楚自己的問題，揭發林彪一夥的事情。

9月1日、2日，程世清曾兩次向毛澤東單獨彙報過。他向毛澤東檢討了自己在廬山上跟著陳伯達、吳法憲、葉群等起鬨的錯誤，檢舉會議期間吳法憲帶著他見葉群，葉群背後搞小動作的情況。他特別彙報了7月上旬空軍黨委辦公室的周宇馳來南昌，行動鬼祟，將江西改裝的水陸兩用汽車用飛機運走，不知要幹什麼。他還說，林彪女兒林立衡到南昌時，曾和他妻子談話，告訴他們以後少和林家來往，說「搞不好要殺頭的」！他還談到，林彪這幾年脫離實際，部隊搞「四好」、「五好」，矛盾很多。毛澤東要他搞出個調查報告送來，並叮囑說：「你跟我說的這些問題非常重要。將來，只准報告總理，別人不能講。」

這些異常情況，使毛澤東更加提高警覺，採取一些防範措施。在之後的行程中，他改變了一路上與當地領導人長時間多次談話的做法，工作步驟明顯加快，許多事情打破常規。細心的工作人員還發覺，毛澤東走路的步子變得急促了。

9月3日深夜零點左右，毛澤東到達杭州。毛澤東一到，就把等候他到來的浙江省黨政軍負責人南萍、陳勵耘、熊應堂召到專門列車上談話。前後約四十多分鐘。

毛澤東一開場就詢問他們幾個對廬山會議的了解。他說：「你們看有什麼錯？吳法憲在廬山找陳勵耘、王維國幾個談了他們搞的那一套，上廬山在空軍八個中央委員內部有通知啊！」毛澤東特別盯著陳勵耘問：「你和吳法憲關係如何？吳法憲在廬山找了幾個人，有你陳勵耘，有上海的王維國，還有海軍的什麼人，你們都幹了些什麼？」陳勵耘支支吾吾地說：「在廬山，吳法憲找我談時，陰一句，陽一句，這個人說話是不算數的。」毛澤東說：「過去我講過，一個傾向掩蓋著另一個傾向，誰知是掩蓋著一個廬山會議的主要傾向！」「廬山會議，主要是兩個問題，一個是設國家主席問

題，一個是稱『天才』的問題，說反天才就是反對我。那幾個副詞，我圈過幾次了嘛！」毛澤東還說，廬山這件事還沒有完，還不徹底，還沒有總結。

跟他們談完後，毛澤東離開專門列車，來到他在杭州的下榻處。陳勵耘負責杭州的警備工作，先到毛澤東住處前恭候。毛澤東一見陳勵耘，就面帶不悅，說：「你怎麼又來了！」陳勵耘見毛澤東對他反感，慌忙支吾著躲開了。

9月8日晚，毛澤東聽到新的情況，有人在杭州整備飛機，還有人指責毛澤東的專門列車停在杭州筧橋機場支線妨礙他們走路，這是過去沒有過的情況。一些多次接待過毛澤東的年輕服務人員向他反映了一些可疑事。在南昌，程世清談的還屬於一般性的情況和問題，在杭州發生的這些疑點，則是真正引起了毛澤東的警覺。毛澤東找來汪東興，要他把專門列車從杭州調開。汪東興立即通知陳勵耘，但沒有找到他。由陳的祕書辦理了調車事宜。

9日凌晨，專門列車調到靠近紹興的一條專線上，距杭州有一個小時左右的車程。

轉移走專門列車，人們以為毛澤東要在杭州再多住幾天。誰知剛剛過了一天，10日中午，毛澤東突然提出，調回專門列車，立即啟程出發，並且不准通知陳勵耘他們。汪東興從安全上考量說：「來的時候都通知了，走的時候不通知不好。路上的安全，還是要地方保衛。」毛澤東也考量是有些不妥，決定再和他們見一次面。毛澤東特地提到要讓上次沒見到的空五軍軍長白宗善一起來。

毛澤東與他們的這次談話，長達半個小時。講了中共九屆二中全會上的問題，黨的歷史上幾次路線鬥爭情況和對黨史上人物的評價，還有軍隊幹部的團結問題和戰備問題。毛澤東還說：「不要帶了幾個兵就翹尾巴，就了不起啦。打掉一條軍艦就翹尾巴，我不贊

成，有什麼了不起。三國關雲長這個將軍，既瞧不起孫權，也瞧不起諸葛亮，直到走麥城失敗。」他在談話中又再一次批評了林彪、黃永勝，針對當地領導人之間鬧不團結，喜歡用歷史典故的毛澤東，給他們講了個春秋時代齊魯長勺之戰的故事，以說明團結起來才能獲得勝利的道理。

在毛澤東與他們談話時，汪東興安排專門列車做開車準備。專門列車於中午一點四十分從紹興返回，兩點五十分抵達杭州站。毛澤東專門列車離開杭州時，沒再通知其他人送行，但陳勵耘來送了。他當時的神情很不自然，不敢接近毛澤東，不敢與毛澤東握手。

下午三點三十五分，毛澤東專門列車從杭州出發，下午六點十分抵達上海。按毛澤東指示，專門列車停在上海郊外虹橋機場專用線上，毛澤東就住在專門列車上，沒到他過去來上海時住的老地方顧家花園。

專門列車一到上海，汪東興就把當地的警衛部隊全部撤到外圍，內圍全是中央警衛團護衛，在離專門列車一百五十公尺的機場加油站，還專門加了兩個崗哨。

10日晚，毛澤東與上海市負責人王洪文、王維國等人談了話，並要汪東興通知南京軍區兼江蘇省負責人許世友到上海談話。許世友當時在揚州，第二天上午搭乘飛機趕到。

11日上午十點半，毛澤東與許世友、王洪文在專門列車上談了兩個小時。毛澤東又講了廬山會議的事，指出：有人在搞陰謀詭計，不搞光明正大；在搞分裂，不搞團結。許世友表示，廬山會議問題，按毛主席的指示辦。接見後，許世友還對王維國說，「要聽毛主席的，不要上別人的當」。

當時上海與江蘇有矛盾，毛澤東居中協調。臨近中午吃飯時，

毛澤東與他們的談話結束，毛澤東還對王洪文說：「你請許世友到錦江飯店去吃飯，喝幾杯酒。」在車門前，毛澤東與在休息室等候召見的王維國握了手，就讓汪東興把他們送走了。

當他們都走了，毛澤東命令立即開車，誰都不要通知。汪東興當即就發了前導車。中午一點十二分，毛澤東的主車也開走了。王洪文、許世友、王維國等正在錦江飯店裡吃飯，王洪文得知警衛捎來毛澤東走了的消息，悄悄告訴許世友，許對毛突然離去很驚訝。他們吃了兩個多小時的飯，飯後，許世友即搭乘飛機趕到南京車站接毛。毛澤東專門列車於晚上六點三十五分抵達南京，停車十五分鐘。毛澤東推說休息，誰都不見。汪東興下車告訴許世友，主席休息了，吩咐不在這裡下車。

專門列車從南京開出，晚上九點四十五分到達蚌埠，零點十分到達徐州，過兗州兩點四十五分，到濟南是12日凌晨五點。在濟南，毛澤東要汪東興給中央辦公廳打電話，通知紀登奎、李德生、吳德、吳忠等到北京豐台車站，毛澤東要找他們談話。七點四十分專門列車到德州。十一點十五分專門列車到天津。

12日中午一點十分，專門列車在豐台站停下。毛澤東與紀登奎、李德生、吳德、吳忠和汪東興談了話。這次談話一直持續到下午三點多，毛澤東談了黨史上歷次路線鬥爭，談了廬山會議後他採取的「甩石頭」、「摻沙子」、「挖牆腳」等做法，談了批陳整風彙報會，和黃、吳、葉、李、邱的檢討，再次強調「三要三不要」的原則。毛澤東還對李德生說：「他們在廬山搞的那個資料（指稱『天才』的語錄），你跟他們要，一年說三次，『你們那個寶貝為什麼不給我？』看他們怎麼說！」毛澤東又說：「黑手不只陳伯達一個，還有黑手。」大家很明白，毛澤東這是在點林彪的名了。五個常委中除去陳伯達和陳伯達「瞞著的三個」毛、周、康外，剩下的只有林彪一人。在整個南巡期間，毛澤東對林彪的談話一次比一

次重，這次又把林彪說成是「黑手」，性質和陳伯達差不多了。為了防止林彪集團生事，毛澤東還要李德生立即調一個師來，部署到南口。

下午三點三十六分，專門列車由豐台站發出，四點五分左右，到達北京站。毛澤東隨後坐汽車回到中南海住所。

毛澤東回中南海後，汪東興向周恩來報告，一向精細有條理的周恩來驚異了，他問道：「你們怎麼不聲不響地回來了，連我都不知道。路上怎麼沒停？原來的計畫不是這樣的呀？」汪東興回答說：「計畫改了，之後當面彙報。」

謀逆未遂，「小艦隊」驚慌失措

毛澤東南巡期間，林集團也緊張地活動著。

林集團在廬山上栽了勛斗，毛澤東抓住不放，黃、吳、葉、李、邱的檢討總過不了關，實際上成了挨批的對象。儘管周恩來在批陳整風彙報會上代表中央所做的總結中，把黃、吳、葉、李、邱的錯誤性質當作人民內部矛盾，對他們對自己問題有進一步的認識表示歡迎，但他們對自己究竟能否過關，心裡很沒底。中共中央決定近期召開九屆三中全會和四屆人大。他們擔心在這兩次會上，中央會對他們徹底「攤牌」。

8月5日晚，到北戴河「避嫌」半個多月的葉群懷疑自己得了乳腺癌，回到北京檢查，黃、吳、李、邱等紛紛前去毛家灣「探視」。他們對能否過得去「九屆三中全會」和「四屆人大」忐忑不安。葉群說：「我們的關過得去過不去還是個問題。怎麼辦？這就要看主席保林的情況。從現在看，主席保林是有個限度的。許多跡象顯示，可能要把林彪的問題往外端。」「把林往外拿了，我們就

都保不住了。」葉群又說：「不只是只保林的問題，林彪和你們分不開，黃、吳、李、邱都要保。你們靠林彪，林彪也靠你們，就是這麼幾個老戰友，死也死在一起，不能再受損失了。」葉群要他們想個保林過關的辦法。她說，只要林彪沒有事，鍋裡有飯就不愁碗裡的。葉群出的「高招」是：「這次開會要早點做與我們觀點一致的人的工作，經過一場鬥爭，再向主席請願整他們，若主席不答應，再向主席示威，求得解決。」8月9日下午，葉群排除了乳腺癌的懷疑後，搭機回到北戴河。只到解放軍總醫院看了一次「病」的葉群，匆匆搭機趕回北戴河。

8月16日，周恩來奉毛澤東指示，帶著張春橋、紀登奎、黃永勝到北戴河向林彪彙報工作。彙報結束時，周恩來說，根據毛主席指示，中共中央準備在「十一」前後召開九屆三中全會，然後召開四屆人大。

林彪、葉群一夥對此惴惴不安。他們急於知道毛澤東南巡的情況，但毛澤東叮囑過他的談話暫不外傳，吳法憲只能根據空軍派機接送各地黨政軍負責人到毛澤東處談話的線索，猜測毛澤東到達了哪裡，但是對談話的具體內容並不清楚。這使他們更加焦急緊張，迫切要了解毛澤東談話的詳情。

1971年9月6日，林立果、葉群、林彪接連從兩個管道得知毛澤東南巡講話的主要內容，他們頓時緊張驚慌起來。

1971年9月5日，李作鵬陪同朝鮮軍事代表團到達武漢，武漢軍區政委劉豐接待了他們。劉豐原是武漢空軍政委，在1967年武漢「七二〇」事件中為保護毛澤東和中央文革立過功。武漢軍區司令陳再道、政委鍾漢華在這次事件中倒台後，劉豐扶搖直上，當上了大軍區正職。

9月6日晨，劉豐來到東湖賓館李作鵬住處，李作鵬向他打聽毛澤東南巡談話的內容。劉豐違背毛澤東不許把談話內容往北京傳

的規定，向李作鵬透露了毛澤東與他談話的內容。李作鵬聽了十分緊張，馬上有了三個體認：一.看來廬山的問題還沒完；二.上綱上得比廬山會議時高，不僅僅是路線問題了；三.感覺到矛頭是對著林彪來的。

黃、吳、李、邱原來寄希望於在批陳整風彙報會上檢討過了，廬山的事情可能就算了結，但從毛澤東南巡談話來看，他們的問題不但沒了結，還要搞大，這使李作鵬感到不寒而慄。當天他陪朝鮮客人回到北京，立即告訴黃永勝，晚上又告訴邱會作。黃聽了之後也非常緊張，連夜打電話給在北戴河的葉群報告，通話時間長達五十八分鐘。

廣州軍區負責人劉興元、丁盛從長沙回到廣州後，立即於9月5日召開軍以上幹部會，向大家「吹風」，傳達了毛澤東與他們談話的主要內容。會議在傳達中特別規定：海、空軍及軍區司、政、後機關不准向北京報告傳達內容，並再三強調一切行動聽指揮。

廣州軍區空軍參謀長顧同舟，違背會議規定的紀律，當晚將吹風會上傳達的毛澤東談話要點透露給了于新野、周宇馳。于新野連夜整理出電話記錄稿。次日，周宇馳親自駕駛直升機到北戴河，將這份記錄稿送交給林立果、葉群和林彪。

7日當晚，周宇馳從北戴河返回北京後，跟廣州的顧同舟通話，要他整理出更詳細的資料報來。顧同舟將會議傳達的內容整理出長達五十頁的詳細資料，於9月9日派妻子搭機密送北京，交給周宇馳、林立果。顧還附信密告在「吹風會」上廣州軍區負責人對林彪的態度一般，並特別指出，「傳達的聲勢還是比較大的，主席的指示很多，絕不只傳達的這些」。林立果等人對顧送來的情報高度重視，稱讚他「發揮了關鍵作用，立了一大功」。

林立果的「聯合艦隊」曾在8月26日開了整風會議。在這次會議上，他們對形勢有個預估：「由明鬥轉入暗鬥」，「相持、相對

友好，醞釀新『戰爭』」，同時「不要麻痺，要有思想準備」。我們的行動策略是「由對外鬥爭轉為鞏固陣地」，但是「『戰爭』的突然性很強，政治鬥爭和軍事鬥爭也一樣」。因此，要在「思想、組織、行動上加強『戰備』」。

批陳整風彙報會時期，林立果一度比較緊張，怕把林彪端出來。黃、吳、葉、李、邱在會上做了檢討，會議也沒繼續追查細究。經過這一回合，林立果一夥產生了政治鬥爭可能會在表面上有所緩和的預估。他們這個「鞏固陣地」和「加強戰備」的策略，和《「五七一工程」紀要》中「政治上後發制人，軍事行動上先發制人」的方針是一致的。所以，他們這時的部署還偏重於《紀要》中的第一種策略方針，即等「我們準備好了，能吃掉他們的時候」再動手幹。但毛澤東的南巡講話，使林立果感到了林家政治末日的來臨，於是，他們迫不及待地要按著《紀要》的第二種戰略方針行事，「不管準備沒準備好，也要破釜沉舟」。從9月6日起，一個鋌而走險的政變陰謀開始付諸實施。

9月7日，林立果向他的「聯合艦隊」下達了「一級戰備」的命令。

9月8日，林彪用紅鉛筆在一張十六開的白紙上寫下：「盼照立果、宇馳同志傳達的命令辦　林彪　9月8日。」這就是認定林彪「發動反革命政變」的「手令」。

9月8日晚九點，林立果帶著林彪的手令和葉群交給黃永勝親啟的信件星夜飛到北京。一下機，林立果便與等候在那裡的空軍副參謀長胡萍和周宇馳密談，林立果說：「現在上面的情況很複雜，毛澤東在外地病得很重，連痰都咳不出來。首長（指林彪）確定離開北戴河，保衛首長的安全是件大事，首長非常信任參謀長（指胡萍），請參謀長在這關鍵時刻，保衛首長安全。」接著林立果出示了林彪的手令，強調說：「這是首長的命令，事關重大。」並要胡

萍為林彪準備兩架飛機，配好機組人員。胡萍找到空軍34師副政委潘景寅等人，當晚為林彪安排了一架三叉戟飛機256號，和一架伊爾18飛機703號，並選配了機組成員。

　　林立果、周宇馳回到他們空軍學院的小樓，又立即打電話召空軍副參謀長兼辦公室主任王飛前來。王飛6日剛從外地出差回京，已經聽于新野、周宇馳簡單介紹毛澤東南巡的情況，預感即將捲入一場大陰謀之中，心情緊張。林立果叫他，他不敢不去。林立果說：「現在情況很緊張，有人要害林副主席，火藥味已經很濃了。」王飛說：「我們堅決保衛林副主席！」然後，林立果給他看了林彪的手令，安排了政變的計畫。林立果對王飛說：「要堅決把反林副主席的人除掉。有一坨在南方，有一坨在北京，要同時幹掉。南邊的由江騰蛟負責，北京的由你和周宇馳負責。他們都在釣魚台，好搞。估計南邊江騰蛟那裡沒有什麼問題，就看你們這裡了。機不可失，一定要搶在他們動手之前！」王飛當即表態：「林副主席叫幹，就一定幹。」林立果還把葉群交代要給黃永勝的大信封袋交給了王飛，要王飛送給黃永勝。和王飛談完，已是8日深夜，林立果、周宇馳又回到西郊機場工字房祕密據點，與等候在這裡的江騰蛟會談。

　　江騰蛟雖然在「三國四方會議」被林立果封為「南線指揮官」，但看不出有什麼「抓總」的味道。他從6月底到青島「療養」，實際上是去為林彪準備在青島住的房子。8月4日才回到北京。7日下午，周宇馳從北戴河急急趕回北京，給他看了毛澤東南巡談話的資料，要他負責在南線指揮動手。周宇馳說：「看來他們是要動手了，等著他們下手，不如我們先下手為強。他（指毛）現在還在杭州，可能最近就要回北京，我們要動手，就趁他經過上海時，在上海動手。過了這個村，就沒那個店，再遇上這樣好的機會就比較難了。」此時，林立果、周宇馳來與他商談謀害毛澤東的計畫，他已有所準備。他們預估毛澤東可能要在上海地區住到25日

左右,這是由陳勵耘、王維國警備的地區,正好便於動手謀害毛。

　　林立果給江騰蛟看了林彪的手令,對江騰蛟說:「我們已決定在上海地區動手。這個任務交給你,你是一線指揮員。北京由王飛負責攻打釣魚台。你到上海去。」林立果提出了三套方案:第一,用火焰噴射器和40火箭筒打火車。第二,調幾門100口徑的高射炮平射打火車,要空四軍把教導隊帶著,就說有壞人要害主席,以搶救主席為名往上衝。第三,實在不行,就讓王維國趁主席接見的時候動手。對林立果這個近乎兒戲的方案,江騰蛟提出了問題:火焰噴射器和40火箭筒空軍都沒有,搞來也沒人會用;向毛澤東專門列車旁邊調高射炮,一動就會被發現;另外,戰士也不會幹,還會把下命令的人打死;讓王維國動手,他會不會幹?再說毛澤東專門列車上有儀器,槍帶不上去,怎麼動手?「一線指揮員」一連幾個問題,讓林立果相當為難。後來,周宇馳和江騰蛟又想出了另外兩個點子,一是模仿日本人搞皇姑屯事件的辦法,在毛澤東專門列車必經的路上安放炸藥炸,一是把毛澤東停車的機場加油站燒著,然後帶著部隊去救火,趁混亂之際動手。江騰蛟還畫出加油站的位置圖。林立果說:「首長說,誰能完成這個任務,誰就是開國元勳。」

　　林立果與江騰蛟談完後,又立即趕回空軍學院小樓,這裡還有一些等候著他的「艦隊成員」。這是當晚林立果穿梭會見的第三批人,時間已是9日的凌晨一點左右了。林立果是「聯合艦隊」的「康曼德」,那批自詡為「少壯派」軍人的司令官,他對劉沛豐、劉世英、程洪珍、李偉信這些人的談話,是一副長官訓話的氣派。他說:「現在有人反對林副主席!我們要誓死捍衛!你們要全力以赴,一個人頂幾個、十幾個人用!」接著,他又掏出了林彪的手令,給大家傳閱。林立果對他們宣布:「這次總的任務代號叫『五七一』工程,即『武裝起義』!」

9月8日,「聯合艦隊」的重要骨幹于新野從北京來到上海、杭州活動,刺探毛澤東南巡的情報。上午,于新野搭乘飛機抵達上海,中午時分會見王維國,兩人密談兩小時。下午六點許,于新野坐汽車到杭州見陳勵耘。晚間九點多在醫院兩人會見。他們密談期間,正是毛澤東要調動專門列車、汪東興找陳勵耘沒找到的時間。于新野追問毛澤東在杭州的談話情況,陳勵耘把談話內容告訴了于。他們談了差不多一個通宵,談話時的房屋裡掛著毛澤東的相片,陳勵耘一看毛澤東的相片,就發愁害怕。9日上午,于新野返回上海。下午三點許,王維國到鉅鹿路招待所,與于新野密談個把小時。于新野搭乘當天下午四點半的飛機回京。途中,他與送他的「上海小組」蔣國璋一起查看了毛澤東專門列車預定的停車地點。于新野說:「現在老人家要整首長,要殺我們的頭,只有拚了。不拚是死,拚不贏也是死,兩死一生。」

9月9日上午,周宇馳要人描繪北京市地圖上釣魚台的方位圖,並要人找來有關部門關於研製化學武器炸藥的文件。

9月9日下午,林立果、周宇馳把王飛、江騰蛟召集到西郊機場工字房,讓南北兩線的「指揮官」共同商量政變的具體方案。他們確定了南北線的通訊暗語。打響了,就講「王維國病重」;成功了,就講「王維國病癒」;沒成功,就講「王維國病危」。在南線,他們研究了在蘇州碩放鐵路橋埋放炸藥,炸爆毛澤東專門列車的方案。晚上,林立果、周宇馳又把王飛叫到空軍學院小樓,單獨與王飛商量讓他率空軍警衛營衝擊釣魚台的計畫。

10日,顧同舟妻子回到廣州,立即給顧轉達了劉沛豐奉林立果命特意囑咐的話:「注意觀察一週之內的情況。」

9月10日,王飛按照林立果的吩咐,送去那份葉群遞交給黃永勝親啟的信件,並向黃轉達了林立果與葉群的問候,轉述了毛澤東南巡談話的情報。而就在這一天,黃永勝與葉群通了五次電話,最

長的兩次達九十分鐘和一百三十五分鐘，根本沒必要送信。毛澤東的南巡談話，黃永勝已經知道了，信中也沒什麼值得專門送去的東西。林立果這一舉動無非就是要讓他們見見面，讓黃永勝和王飛溝通一下，建立起雙方的聯繫。

10日，劉沛豐飛北戴河，給葉群送北京市地圖等資料，回來時帶來一封林彪給黃永勝的親筆信，內容為：「永勝同志：很惦念你，望任何時候都要樂觀，保護身體，有事時可與王飛同志面洽。敬禮　林彪。」這封信沒註明日期，可能為的是讓林立果可以根據情況方便處置，填寫時間。因此，可以把它當作是另一個「手令」。

從9月8日到10日，林立果、周宇馳、江騰蛟、王飛等人密謀了一個個方案，都有一連串無法克服的困難。10日中午，林、周、王又開會研究，仍商量不出可行辦法。林立果有些喪氣，一度決定暫時不搞了。9月11日上午，葉群打來電話催促行動，林立果決定還要搞。為了便於政變時的聯絡，他們還把某些「艦隊」成員的代號變更了。李偉信原代號銅鐘，改為金鐘；王飛原代號阿飛，改為黃翔；劉沛豐原代號錘子，改為崔子；其他「艦隊」成員也有代號，如：江騰蛟代號殲-7。這些代號都報給了葉群。

9月11日下午，林立果、周宇馳、江騰蛟、王飛等到西郊機場的工字房開會。林立果說：「主任來電話抽鞭子了，決定還是要搞。昨天說的不算數，現在要趕緊研究怎麼搞。」當一討論起謀害毛澤東和攻打釣魚台的具體方案，又是眾說紛紜。除了已經提出的外，還提出許多新辦法。如：用「首長」的名義召集開會，在會議上搞；利用接待外賓的時機在機場動手搞；用火箭炮轟，用轟炸機炸，用戰車衝等等，可是每一種方案都有問題，越研究困難越多，找不出可行的辦法來。這次會上，林立果還叫來了剛從外地召來的林辦老祕書關光烈。關光烈原本在林彪辦公室工作過，與林立果關

係較好，當時在駐洛陽的一個步兵師任政委。9月9日，周宇馳以林立果的名義打電話要他速來北京。10日晚，他到北京後，林立果、周宇馳來看他，給他出示了林彪的手令，並向他提出調部隊前來攻打釣魚台的要求。關非常震驚。在這次會上，林立果要他調噴火連來，攻擊毛澤東的專門列車。關光烈搪塞說，調動部隊需要軍委批准，黨委討論，個人調不動部隊。而且部隊調動的車輛手續複雜，要軍運部門批指標等等。討論不出結果，他們又到釣魚台觀察地形，更加覺得困難。最後，林立果確定，還是在南邊動手，釣魚台留給黃永勝他們去搞。散會時，林立果、周宇馳對王飛說，要他充當林立果和黃永勝之間的聯絡人，並把劉沛豐帶來的林彪給黃永勝的親筆信交給王飛，要他在必要時交給黃永勝。

　　9月11日晚，林立果等繼續在西郊機場工字房開會，進一步策劃在上海地區謀害毛澤東。八點半左右，林立果、周宇馳、江騰蛟找來空軍作戰部部長魯珉。魯珉是抗美援朝時的空中英雄，8日下午才出差回來，事先周宇馳、江騰蛟給他介紹過一點毛澤東南巡的形勢。林立果看到魯珉就說：「現在要進攻啦，副統帥有命令，拿出來給他看看。」周宇馳拿出林彪的手令，林立果遞交給魯珉看。林立果接著說：「現在情況很緊張，馬上要召開三中全會，會一開，林副主席就不再占優勢了。副統帥下了命令，要主動進攻。」林立果對魯珉說：「你到上海是江騰蛟點的將。我們決定派你到上海去，先和王維國政委研究一下，你就到碩放去策劃炸鐵路，把火車炸壞了以後，就帶部隊衝上去動手。」魯珉說：「還是用轟炸機，轟炸機厲害。」林立果安排說：「江騰蛟，你這個殲-7在上海打頭陣，爭取在上海搞掉毛，不成就看魯部長的第二次攻擊了，有的是炸藥，在鐵路上一放，就是第二個皇姑屯事件，再不成就讓陳勵耘派伊爾-10轟炸。」林立果鼓動說：「首長說了，誰能完成這個任務，誰就是開國元勳，搞成了我在北京開十萬人大會歡迎你們，那個時候，你們都是國家的棟梁，有功之臣，要論功行賞。」

魯珉害怕讓他南下去謀害毛澤東，回去就叫當醫生的妻子把他的眼睛搞紅腫了，第二天住進醫院。

9月11日深夜，正當林立果他們絞盡腦汁謀劃如何在南方謀害毛澤東時，上海王維國打來電話，報告毛澤東的專門列車已於中午離開上海。西郊機場工字房裡，魯珉和江騰蛟已經走了，林立果、周宇馳、劉沛豐、于新野、李偉信被這突然到來的消息打懵了，個個神色茫然，目光呆滯，低頭不語，剛才的囂張氣焰化為烏有。林立果流著眼淚說：「首長給我的任務沒完成。首長連性命都交給我了，我拿什麼去見首長！」周宇馳發狠地說，要在中國國慶節那天，駕駛直升機去撞天安門。發狠當然是徒勞的，林立果費盡心機謀殺毛澤東的計畫至此全部落空了。從9月8日到9月11日的四天裡，林立果他們先後召開了六次密會，提出了八種謀害毛澤東的行動手段，並拿著林彪親筆手令作令牌，結果在毛澤東突然回京的行動中，一切陰謀詭計都化成了泡影。

這幾天，林集團外強中乾的虛弱性暴露無遺，靠趨炎附勢結成的力量畢竟是脆弱的。他們表面上都對林立果百般迎奉巴結，平時爭相表示對林家的忠誠，但當林立果真要冒天下之大不韙，謀害毛澤東時，就孤立得很，難以找到決心跟他幹的人。即便林立果拿出林彪手令，許多人仍是推諉敷衍他，想方設法地脫身事外。王飛、江騰蛟都是屬於受林家恩惠較多的，他們各自心有鬼胎，相互推諉，強調困難，誰也不主動地自願死幹。林立果雖然狂妄自大，但並無幹才，他們策劃的八種謀殺手段固然狠毒，但都缺乏可行性，讓誰幹都推稱困難，都想溜逃，還沒幹事就先亂了套：讓王飛調空軍警衛營衝擊釣魚台，他推說動員不了部隊，空軍帶武器進不了城；讓江騰蛟到南方動手，他推稱王維國不見得聽他的，又要林立果幫他安排人；讓「實力派」關光烈調所屬部隊，他推說沒有軍委命令，一個排都調不動；魯珉為逃避參與陰謀，把自己的眼睛搞紅腫住院；王維國中午就得知毛澤東離開的消息，但直到晚上毛澤東

專門列車出了江蘇，才打電話告訴林立果。最為關鍵的是，毛澤東在中共全黨全軍中具有著獨一無二的最高權威，沒有幹部戰士會心甘情願替他們的家族利益賣命，不會服從他們謀害毛澤東的命令。這是他們商量來商量去，仍無計可施的根本原因。

七、「九一三」事件的分分秒秒

林彪、叶群等仓惶逃命目击记

我们在现场亲眼看到叛党叛国分子林彪、叶群、林立果及其死党刘沛丰等人仓惶逃命、狼狈挺狈的情形。一九七一年九月十三日零点十二分，林彪一伙乘坐红旗轿车，以高的速度开到停在机场的三叉戟飞机附近。车还未停稳，林彪一伙就急忙下车。叶群、林立果、刘沛丰都拿着手枪，乱喊乱叫：快、快！快！快！快！快！飞机快起动！飞机快起动！叶群披头散发，林彪光着秃头，慌慌张张地跑到飞机驾驶舱的门底下，在没有舷梯和梯子的情况下，连饭桶叛国贼慌忙地顺着驾驶舱的小梯子，一个一个往上爬。第一个上去的是刘沛丰，叶群往上爬的时候，林彪紧跟着往上爬，林彪的秃大脑顶着了叶群的脚。他们没等机组人员上齐，连值班驾驶员、领航员、通讯和务员都没上机，飞机滑行灯也没亮开，机舱的门未关上，飞机就急促起动，强行滑出。在滑行中，右机翼撞坏了在滑行道旁的加油车罐口盖，切坏了机翼上的铝皮，撞坏了机翼上的绿色玻璃灯罩和右机翼油箱盖。在没有滑跑灯光和一切通讯保障的情况下，便在一片漆黑中，于零点卅二分，强行起飞，仓惶逃命。

杨继辉　佟玉春　王学高
周振山　刘三心　一九七一年四月七日

山海關機場場站人員的證明資料。趙雅輝等是林彪等所搭乘256號三叉戟飛機倉皇逃命時的現場目擊者。趙雅輝，山海關機場場站副站長。佟玉春，場站參謀長。王學高，場站油料科科長。周振山，場站機械師。劉三兒，場站油車司機。

部署南逃，北戴河靜中有動

毛澤東突然回京，「聯合艦隊」謀害毛澤東的陰謀失敗了，西郊機場工字房裡一片混亂。周宇馳慌忙通知江騰蛟、王飛、魯珉等人解除任務；林立果來回亂轉，口裡亂罵著：「他媽的，都是廢物，都是叛徒，……我們被出賣了，首長被出賣了……」林立果驚恐之餘，給在北戴河的葉群打電話，告知情況緊急，兩小時後飛往北戴河，他走後北京由周宇馳負責。林立果對周宇馳等人交代任務說：「現在情況變了，我們要立即轉移，趕緊研究一個轉移的行動計畫。」在《「五七一工程」紀要》中，「聯合艦隊」提出了兩套政變設想：奪取中央政權；形成割據局面。在林立果的聯合艦隊緊鑼密鼓地策劃謀害毛澤東的同時，他們也做好帶著黃、吳、李、邱南逃廣州，另立中央，形成南北割據的相應準備。在這兩套辦法都失敗時，他們還藏有一個叛逃蘇聯的計畫。

這些天來，黃、吳、葉、李、邱通話頻繁，從9月6日到12日，不包括直撥電話，僅軍委電話總機接轉的電話就有51次。其中，葉群給黃、吳、邱的通話就有31次。有一次，幾個人同時爭著要和葉群通話。黃、葉最長的通話有135分鐘。儘管這時黃、吳、李、邱還不知道林立果他們「聯合艦隊」的陰謀活動，但和他們的攤牌已是在林立果、葉群的謀劃之中，只是時機問題。

葉群不僅權勢慾極強，也是個不安分的女人。她對黃永勝也使用了女人的嫵媚手段，使黃拜倒在她的石榴裙下。恰恰她與黃永勝

打電話時說的絮絮情話，被親生兒子林立果偷偷錄了下來。這是林立果控制他們的殺手鐧，必要時就可以拿出來，不怕他們不聽驅使。

9月8日晚，葉群給吳法憲打電話，說要回北京過中國國慶節，要他為林彪準備五架飛機，並要吳把安排飛機的事全部交給胡萍。

9月9日晚，吳法憲給胡萍打電話，通知他林彪、葉群準備行動，請胡萍把他們要用的飛機都準備好，隨時用。

9日晚上十一點多，葉群給胡萍打電話說：「那位小將（指林立果）都跟你談過了吧，談得好吧？要你準備飛機是不是還有困難？」「這件事我跟胖司令（指吳法憲）都說好了，你要趕緊準備。」

9月12日下午四點多，周宇馳找到胡萍，要他馬上再安排六架去廣州的飛機。周宇馳說：「主席最近找了很多軍區的負責人談話，首長（指林彪）看這形勢不好，決定13日離開北戴河前去廣州。三叉戟飛機256號今天送林立果回山海關，首長走時就用這架飛機。準備一架伊爾-18，13日7點起飛。我們倆坐上去山海關，然後和首長坐256號飛機一起飛廣州。伊爾-18拉上部隊到上海落個地，再飛去廣州。再準備一架多人座三叉戟飛機，拉上黃、吳、李、邱和機關的人，13日八點直飛廣州。由王飛副參謀長指揮。還調一架安-24、一架安-12飛機運上兩架直升機，都飛廣州。吳法憲還交代把大飛機也準備好，隨後調去廣州。」

胡萍馬上按照周宇馳的安排行動。五點多，胡萍通知空34師副政委潘景寅，要他親自駕駛三叉戟飛機256號，當晚七點送林立果去山海關機場。潘景寅替飛機加了十五噸油，比往常正常的來回航程足足多加了三噸。隨後，胡萍通知空軍航行局局長，將256號

專機說成是252號（252號是普通的多人座客機），並謊稱是訓練飛行。接著他又打電話通知空34師在山海關機場的調度室主任，告訴他將前往那裡的飛機實際上是256號，但要用252號的稱號，要他自己知道這個情況就行了。

晚上九點多，胡萍在北京西郊機場，對前去廣州的六架飛機做好具體安排，確定調動三叉戟254號、伊爾－18型飛機902號、安－12型飛機231號、安－24型飛機256號，還有兩架雲雀直升機，並且確定了機組的主要人員。胡萍還以訓練為名，向西郊機場航行調度室申請了假航線。連同早為林彪準備妥當的三叉戟256號、伊爾－18型飛機703號，已安排好的南逃飛機，共有八架。

晚上，七點四十分，林立果、劉沛豐、程洪珍等搭乘三叉戟256號前去北戴河。林立果臨去北戴河前，把王飛等召到空軍學院小樓，急匆匆地說：「現在情況緊急，要立即轉移，具體情況等周宇馳來了再跟你們談。」

大約晚間八點，周宇馳來到空軍學院。他對等候他的王飛、江騰蛟、于新野、李偉信等人宣布：首長決定，立即轉移去廣州，要軍委辦事組黃、吳、李、邱明天都到廣州。到了之後，立即召開師以上幹部參加的緊急會議，進行動員，宣布另立中央，實行割據，形成南北對峙的局面。如果要動武，就聯合蘇聯，實行南北夾擊。

接著周宇馳宣布了南下的具體方案：明天上午八點，林彪從北戴河直接飛廣州的沙堤機場；北京的這一部分，包括家屬，明天上午七點從北京西郊機場起飛，直飛廣州沙堤機場；王飛、江騰蛟、于新野明晨六點以前到達北京西郊機場，用林彪召集到廣州開會的名義，通知黃、吳、李、邱到機場上飛機，如果不願前往，就強迫他們上，這架飛機七點至八點起飛；李偉信立即通知上海方面做好準備，明天上午有伊爾－18飛機到，要上海小組負責把那邊的人拉走；王飛、于新野今晚確定去廣州的人員名單，召集他們開個會。

會議快結束時，他們還確定，去的人都要帶著武器。開完會後，他們立即按照各自的任務，分頭行動起來。

晚上九點多，王飛、于新野在空軍司令部大樓，召集機關裡的人員會議。到會的，除了王、于外，還有魯珉（空司作戰部長）、賀德全（空司情報部長）、劉世英（空司辦公室副主任）、朱鐵錚（空司二處處長）、鄭興和（空司裝備處處長）。他們一起擬定了前去廣州的名單，共確定二十五人，分成四個小組，分別負責黃、吳、李、邱的安全護送。總領導小組組長由王飛擔任。

王飛說：「明晨五點，我們到西郊機場先打電話給黃永勝過來，再讓黃永勝打電話給吳、李、邱過來，來後走也得走，不走也得走。」在謀害毛澤東的任務解除後，上午劉沛豐到王飛處，把昨天下午林立果、周宇馳交給王飛的林彪給黃永勝的親筆信拿走了。這次會中，于新野又把信交給王飛，以便於王飛聯繫黃永勝他們。

王飛還讓鄭興和從空司警衛營領取了五九式手槍三十支，子彈兩千發，衝鋒槍兩支，子彈兩百發，供他們南逃人員使用。

這些準備南下的人員，在這次會上詳細研究著行動中的每一個步驟和細節，如怎樣通知黃、吳、李、邱他們，怎麼對付他們的警衛，確保把他們帶上飛機。還有車輛的安排，出發的時間，通知聯絡的方法，槍支的配發等等。時針在他們的會議中慢慢移向了深夜……

李偉信根據周宇馳的安排，馬上與「上海小組」蔣國璋取得了聯繫，通知他們，明天有一架伊爾-18到上海江灣機場，要「上海小組」、「教導隊」全部人員，全副武裝，隨機出發。並要蔣轉告王維國，對這種行動意味什麼，電話中不好講，請他自己考慮。

上海行動的具體安排是：事先把「上海小組」、「教導隊」及其他南逃人員隱密地集中在江灣機場，並準備好八十至九十人的住

宿。伊爾–18從山海關起飛，機上載有負責林彪安全的中央警衛團二中隊人員。到上海江灣機場後，以吃飯休息的名義騙他們下飛機，安排到準備好的住宿地點，然後，南逃人員立即登機，直飛廣州。

除了南逃廣州，另立中央外，葉群、林立果他們還有一個祕而不宣的北上逃蘇計畫。這就是要像王明一樣，背棄祖國，叛逃蘇聯。事實上，他們自9月6日起就開始做這方面的準備了。

9月7日，葉群要了俄華字典、英華字典、俄語和英語的會話書籍。9日，葉群又向祕書要了有關中美關係的文件。葉群還向總參派來跟她講世界史的參謀人員詢問中蘇和中蒙邊境的情況，打聽蘇蒙方面在邊境地區有多少軍隊，各主要城市有哪些機場，都在什麼位置。葉群還讓祕書把有關軍隊高級幹部的名單，軍隊部署情況等，中共黨內和軍內的高等級機密文件給她整理好送來。另外，她還讓毛家灣家裡送來了秋冬的衣服。

9月8日，周宇馳向空軍航空局要了蘇聯航班地圖。9月9日，周宇馳等從空軍司令部索取了東北、華北、西北地區的雷達部署圖，可做導航用的中國周邊國家電台頻率表，北京至烏蘭巴托、伊爾庫次克航線和機場位置、呼號、頻率表，廣州、福州地區機場的資料。

自9月6日林集團得知毛澤東南巡講話內容的幾天裡，與林立果「聯合艦隊」準備謀害毛澤東，籌劃攻打釣魚台，發動政變的緊張氣氛相比，北戴河表面上是平靜的。許多在林彪、葉群身邊的工作人員，只是在「九一三」事件發生之後，才從他們有關言行的蛛絲馬跡中思索出來一點不正常的味道。

林立果、周宇馳、劉沛豐詭祕地往返於北京和北戴河；一向討厭葉群囉嗦的林彪，頻頻長時間地與葉群密談；葉群多次在林彪屋裡哭，眼睛都哭紅了……。這中間的內幕是什麼？陰謀醞釀的過程

又是如何？誰是「九一三」的真正主角呢？歷史在這裡又凝結起一個疑團。

9月8日是林彪寫「手令」那天。上午九點，林立果來到林彪的客廳，林彪招呼他說：「老虎，好朋友！請坐，請坐！」父子之間這般稱謂，使一邊的內勤人員面面相覷。這天上午，葉群在林彪臥室裡密談了三個小時，內勤人員聽到葉群邊哭邊說：「說我是特務，叫我到農村沒有安眠藥怎麼辦？我要跑，你說走不走……」

9月9日上午七點，林彪對辦公室的人交代：等林立果來之後，調一架很強的飛機再去大連，並吩咐飛機要備飛三個小時以上。接著，急找葉群，兩人密談到中午十一點。內勤看見葉群兩眼紅紅的。

9日下午四點左右，林彪、葉群在客廳密談，內勤斷斷續續聽到葉群說：「楊成武倒台……38軍……各大軍區都不會跟你走的，許世友是跟毛主席的，也不會跟你一條心。……」9月11日十二點多，林彪找葉群。內勤聽到葉群對林彪說：「沒想到小小的立果活動面那麼大！」林彪接著說：「反正活不了多久，死也死在這裡。一是坐牢，二是從容就義。」兩人繼續密談。

從這些工作人員偶然聽到一鱗半爪的情況中，似乎可以認為，在得到毛澤東南巡講話的情報後，葉群一直在做林彪的工作，軟硬兼施，曉以利害，試圖說服林彪外逃，林彪似乎還沒有下定決心。

9月6日晚，葉群給毛家灣打電話，十萬火急地把林立衡和她的未婚夫張清霖，以及林立果選中的對象張寧，召到了北戴河。7日上午，他們來到北戴河蓮花石旁的林彪住處，中央療養院96號樓。林立衡他們一到，林立果就把林立衡拉到一邊談話，透露了毛澤東南巡講話的消息，說9月6日葉群要逼林彪逃走的事情，還要林立衡跟著一起走。第二天，林立果又跟林立衡說了他們要謀害毛澤東的想法。林立衡聽了以後，惶恐不安，告訴她的未婚夫張清霖

和身邊的警衛人員。8日，林立果離開北戴河。臨走前，林立果向張寧辭行時，提到中共中央內部政治鬥爭尖銳，要搞到葉群了。話語中閃爍著此行生離死別的味道，讓懵懵懂懂的張寧摸不清頭腦。葉群對他們說，三天之後跟林彪上大連去。從他們在7、8、9日見到林彪的情況來看，未發現林彪異常。9日下午他們給林彪送玩具時，林彪還顯得頗有興致。

然而，葉群、林彪卻沒有如林立果所說的那麼緊張。葉群對林立衡他們說，三天以後跟林彪上大連去。林立衡他們在北戴河見到林彪時，也未發現林彪有什麼異常。9日下午，他們從山海關遊玩回來後一起去見林彪，給林彪送玩具，林彪還顯得頗有興致。林辦的工作人員也沒有發現什麼反常的行為。

林彪的深藏不露，葉群的焦躁不安，林立果的風風火火，形成了「九一三」前夕，北戴河林宅高深莫測的氛圍。到9月12日，最緊張的一幕揭曉了。

關鍵時刻，林豆豆緊急報案

9月12日下午，林彪、葉群突然決定要林立衡、張清霖訂婚，並立刻安排訂婚儀式。張清霖是廣州部隊的一位軍醫，與林立衡剛談戀愛一個月。如此急促地安排訂婚，完全出乎兩人意料之外。林立衡與葉群關係素來緊張，長期鬧彆扭，對葉群虛偽的做派知之甚深，覺得葉群迫不及待地要他們今天舉行婚禮，肯定有名堂。

這時，林立果已經在北京安排好南逃的部署，並且跟葉群通過話。葉群在北戴河為林立衡舉辦婚禮，無疑是在為逃跑故布疑陣。她給吳法憲打電話，通知女兒今天舉行婚禮，要工作人員準備晚上的典禮儀式，並公開宣布林立果將趕回參加婚禮。

下午五點半左右，林彪、葉群叫來老警衛祕書李文普。林彪對他說：「準備明天早上六點去大連，省得太陽出來天熱，你給大連打個電話。」林又回頭對葉群說：「你給總理打個電話，就說我利用坐飛機運動運動。」李文普出來時，葉群跟上又對他說：「你先不要調飛機，也不要給警衛部隊打招呼，等林立果回來再商量一下。」

晚上八點，葉群又和林彪密談一個小時。

晚上八點十五分，林立果、劉沛豐等搭乘三叉戟256號到達山海關機場。晚上九點左右，林立果、劉沛豐來到林彪住處96號樓。這時，大廳裡正為林立衡訂婚播放香港電影《甜甜蜜蜜》。林立果對林立衡說：「祝賀你們！我馬上要到首長那裡去。」說完便匆匆走到葉群臥室談話，然後和葉群一起到林彪的客廳。後來林立果與葉群又回到葉群處密談。大約晚上十點，林彪、葉群、林立果又一起密談。期間，林立果去找林彪時，與林立衡相遇，匆匆對她說：明早六點行動。林立衡懷疑他們圖謀不軌，便派內勤偷聽他們和林彪的密談內容，隱約聽到葉群說：「就是到香港也行嘛！」林立果說：「到這個時候，你還不把黃、吳、李、邱都交給我。」林立衡斷定他們要跑，決定馬上報告警衛部隊。

約晚上十點半，林立衡在中央警衛團警衛科副科長劉吉純的陪同下，來到負責保護林彪的中央警衛團8341部隊二大隊駐地58號樓，找到二大隊大隊長姜作壽、副團長張宏，說：「葉群、林立果要把林副主席弄走，要往廣州、香港跑！飛機已停在山海關機場。」要他們立刻向中央報告。林立衡怕時間久了被發現，便又回到96號樓，並暗暗告訴有關工作人員做好預防措施。這時不到晚上十一點。林立衡不在期間，葉群心有懷疑，到處找她。警衛祕書說她要去58號樓報告，葉立刻緊張起來。

張宏立即打電話報告中央警衛局副局長、中辦副主任張耀祠。

張耀祠立即報告主任汪東興。汪東興馬上打電話報告周恩來。

此時，周恩來正在人民大會堂福建廳開著小型會議，主持討論要提交四屆人大的《政府工作報告》草案，開會的有李德生、黃永勝等人。周恩來對北戴河傳來的這個情況也很意外，他吩咐警衛部隊密切監視，一有新的情況，立即報告。周恩來知道林彪的家庭不和睦，母女關係非常緊張，怕林立衡把家庭糾紛摻雜進來，所以採取這樣比較穩妥的處理辦法。

不久，北戴河的張宏又報告：「據林立衡報告，林立果是搭乘專機從北京來的，這架專機現在停在山海關機場。」周恩來向吳法憲查問知不知道有架飛機到北戴河去了，吳法憲的確不知情。周恩來要他立即查明。周恩來要汪東興讓北戴河的張宏查一查山海關機場是不是有架專機，張宏很快查明報告，山海關機場確有一架專機，機組人員正在休息。山海關機場歸海軍航空兵管，周恩來又打電話要李作鵬查問，李作鵬於晚上十一點五分給山海關機場調度室打了電話，很快查明並回稟周恩來。

吳法憲向負責專機的空軍副參謀長胡萍查問山海關機場飛機的情況，胡萍撒謊，說是一架剛改裝好的三叉戟，試飛山海關。吳法憲據此答覆周恩來。周恩來立即指示，此飛機立即回北京，飛機上不准帶任何人。胡萍口頭答應照辦，實際上在得知周恩來查問飛機後，於十一點左右就已經給周宇馳打電話通報這件事，並要他轉告林立果。接著，胡萍打電話給三叉戟256號的飛行員潘景寅，告訴他周恩來追查飛機的情況，統一口徑，合謀謊稱飛機的引擎油泵發生故障，正在修理，飛不回來。周恩來重申：修好以後，立即返回北京，不許帶任何人。

晚上十一點，周恩來又派吳法憲到西郊機場，要他直接查明情況，務必把這件事處理好。

晚上十一點三十分左右，周恩來親自打電話給葉群，問：「林

副主席好不好？」葉群回答：「很好。」周恩來問葉群知不知道北戴河有專機，葉群一開始說不知道，但總理深夜來電問專機一事不會是無緣無故的，停了一下，葉群突然又說：「有一架專機，是我兒子坐過來的。他父親說，如果明天天氣好，要上天轉一轉。」周恩來投石問路，又問：「是不是要去別的地方？」葉群聽出總理的問話中有含意，忙說：「原本想去大連，這裡的天氣有些冷了。」周恩來叮囑說：「晚上飛行不安全。」葉群說：「我們晚上不飛，當明天早上或上午天氣好了再飛。」周恩來說：「別飛了，不安全，一定要掌握好氣象。」繼而，周恩來進一步試探，提出：「需要的話，我去北戴河看看林彪同志。」周恩來一提出要去北戴河，葉群慌了，馬上說：「你到北戴河來，林彪就緊張，更不安。……總之，總理不要來。」

打完電話，周恩來更有數了。北戴河的山海關機場停有飛機一事，葉群支支吾吾，前後矛盾，先說不知道，後又說知道。周恩來一說要到北戴河看林彪，她立刻緊張地拒絕。周恩來據此斷定北戴河那裡確實有問題。

周恩來馬上緊急安排。他立即讓李作鵬打電話通知山海關機場：山海關機場這架飛機必須有周恩來、黃永勝、吳法憲、李作鵬等四個人一起下令才能起飛，目的是要封鎖這架飛機。周恩來還指示李作鵬：林彪可能夜航，夜航不安全，不要夜航。林彪到機場時，要林彪直接給周恩來電話。周恩來還讓吳法憲立即在西郊機場預備兩架飛機，準備一有必要就飛赴山海關機場。

李作鵬於晚上十一點三十五分向山海關機場傳達中央命令，說：「告訴你們，它（指256號飛機）要聽北京總理指示、黃總長指示、吳副總長指示和我的指示，四人之中一人指示放飛才放飛，其他人指示不可以。」不久，李作鵬又打電話問機場值班室飛機的號碼。13日零點六分，李作鵬給機場打電話，再次通知：「四個

首長其中一個首長指示放飛，才能放飛。誰來指示要向我報告，要負責任！」這是李作鵬今晚的第四通電話了。

中共中央領導接連三次來電查問飛機，引起山海關機場的高度重視。機場的站長、政委、副站長、參謀長都趕到機場調度室。

倉皇叛逃，毛澤東揮手放行

周恩來查問256號飛機的情況，派吳法憲到西郊機場控制飛機，林立果臨行前安排的南下計畫已不可能執行。胡萍將這些情況通知了周宇馳，周宇馳傳達給林立果。周恩來又親自打電話給葉群，詢問256號飛機，勸林彪不要夜航。這一連串的事情，立刻讓林立果、葉群方寸大亂，引起他們的恐慌，認為一定是內部出了「叛徒」，有人向中央報告了，他們的陰謀已被中央察覺。原定13日晨起飛，帶著黃、吳、李、邱南下廣州，另立中央的計畫，已無法實行。於是，林彪一家決定立即逃跑。

12日晚上十一點多，應該是林彪服用過安眠藥後的休息時間。但就在周恩來下令封鎖飛機不久，林彪對公務員說：「馬上去大連，不休息了，有些東西可以不帶，夠用就行了。過幾天再回來，回北京過國慶。」公務員按照林立衡事先的吩咐，立刻告訴她。十一點四十分，葉群把警衛祕書李文普找來林彪那裡，自己先進去跟林彪說了幾句話，然後叫李文普進去。林彪對李文普說：「今晚反正也睡不著了，你準備一下，等吳法憲的飛機到了就走。」葉群說：「我們可以先走，到機場休息室等吳法憲。」

李文普出來後，葉群緊跟著催他：「快點調車，越快越好！」又說：「快點吧！什麼東西都不能帶了，有人要來抓首長，再不走就走不了了。」李文普打電話，林立果將電話按下，說：「哪裡都不要說，部隊也不要說。」林立果也對李文普說：「老李，快點

吧！有人要抓首長。」林立果接著給周宇馳打電話說：「首長馬上就走，你們越快越好！」

晚上十一點五十分，警衛祕書往96號樓調車，現場一片混亂。葉群披頭散髮，林立果跑來跑去，劉沛豐手裡抓著三、四個皮包，急得像熱鍋上的螞蟻。林彪的司機楊振剛把車開到門口，劉沛豐先上車，林立果隨後上，葉群第三個上車，接著是林彪。林彪走過內勤門口時還問：「東西都裝車沒有？」沒停步，連帽子、大衣都沒帶就鑽進車裡。李文普上車後，坐在司機旁邊的前排。晚上十一點五十五分左右，汽車駛離96號樓，直驅山海關機場。

林立衡得知公務員傳來說林彪要走的消息，立即要相關人員設法阻攔，並跑到中央警衛團8341部隊的58號樓再次報告，請求警衛部隊立即採取行動，阻止他們上飛機。警衛部隊緊急研究，決定派一副大隊長帶七個人立即搭乘吉普車到機場，不讓飛機起飛。

林立衡正跟中央警衛局副局長張耀祠通話，直接報告情況時，林彪的車開走了。二大隊長姜作壽立即帶人到馬路上攔車。葉群見有人攔車，對司機說：「8341部隊對首長不忠，衝！」司機不停地亂按喇叭，急速衝過58號樓。

在車上，林彪問林立果：「到伊爾庫次克多遠？要飛多久時間？」警衛祕書李文普立刻意識到他們不是去大連，而是要往蘇聯叛逃。他突然喊：「停車！」司機下意識地把車停住了。李文普跳下車，葉群衝著他喊：「李文普你想幹什麼！」李文普回答：「當叛徒我不去！」此時，林立果在車裡向他開了一槍，擊傷他的左臂，李文普也朝汽車前門開槍還擊。攔車的警衛人員立刻追上來，在追離汽車三、五公尺遠的時候，車門還沒關好，就又開動了，向機場方向狂奔。

警衛部隊按照北京方面的指示，集結了七十多名幹部戰士，由

副團長張宏帶領，搭車隨後向機場追去。同時給機場打電話，要擋住前去的轎車。林彪乘坐的紅旗防彈轎車以每小時120公里的高速疾駛，途中超過了8341部隊先派去機場的吉普車，8341部隊的吉普車尾隨其後緊追著。

零點時分過後，三叉戟256號正準備加油。山海關機場站長潘浩給李作鵬打電話，請示：「如果飛機強行起飛，怎麼辦？」李作鵬答覆：「你們可以直接報告周總理。」電話剛講完，13日零點二十二分，林彪等人乘坐的紅旗轎車停到飛機旁。汽車還沒停穩，他們就跳下車來。葉群披頭散髮，高喊：「有人要謀害林副主席！」對著還沒來得及幫飛機加油的油車叫道：「快把油車開走！快把油車開走！」林立果、劉沛豐拿著手槍，叫喊：「快！快！快！飛機快起動！飛機快起動！」沒有登機梯，他們就從駕駛艙的小梯子一個個往上爬。未等機組人員上齊，副駕駛、領航員、通訊報務員都沒上機，機艙門還沒關上，飛機就急速起動，強行滑出。滑行中，右機翼撞壞停在滑行道旁的加油車罐口蓋，削掉了機翼上的鋁皮，撞碎了機翼上的綠色玻璃燈罩和有機玻璃……

零點二十八分，機場趙副站長給李作鵬打電話報告：飛機已強行滑出。李作鵬問：「飛機到了哪裡？」趙答：「快到跑道了。」李作鵬說：「就這樣吧。」隨後，李作鵬打電話向周恩來報告。

這時，追趕的8341部隊吉普車也來到了。他們見林彪、葉群等正在上飛機，急忙找機場調度室，要他們阻止飛機起飛。機場也剛接到不能起飛的命令，立即採取鳴槍，關閉全場燈光的緊急處置辦法。但是，飛機在一片黑暗中強行起飛了。時間是零點三十二分。

緊接著趕來的張宏副團長和8341部隊，將未上機的機組人員和程洪珍等人看管著，隨即向中央報告，林彪搭機跑了。

周恩來得到汪東興傳來北戴河警衛部隊關於林彪跑了的報告，

立刻在電話中要汪東興到毛澤東住處，共同彙報情況。他命令一同開會的李德生馬上到空軍指揮所，代替他坐鎮指揮，隨時報告情況。同時，又將中央警衛團負責人楊德中找來，命他以中央政治局祕書名義帶人去西郊機場協助吳法憲指揮。又派紀登奎去北京空軍司令部、楊德中等到西郊機場，吳法憲馬上明白是來監視他的，因此接電話，傳達命令時故意大聲複述，使楊能聽見。

周恩來隨後從人民大會堂趕到中南海毛澤東住處，汪東興、張耀祠同時趕到。周恩來命令打開華北地區所有雷達監視這架飛機，並要調度員呼叫機上人員，告訴他們可以在任何一座機場降落，我周恩來親自去接。地面電台不停呼叫，但聽不到256號飛機回答。地面雷達跟蹤，不斷傳來飛機的位置、航向、時速、高度。256號飛機零點三十二分起飛，剛開始航向290度，即向北京、大同方向飛。十幾分鐘後，零點四十六分，航向改為311度，即向蒙古西部，烏蘭巴托、伊爾庫次克航向偏東一線飛行。

林彪飛機起飛後，周恩來、汪東興到中南海游泳池毛澤東住處向毛澤東彙報。一點十二分，吳法憲來電請示，飛機已經飛了三十分鐘，即將進入內蒙古，問要不要派殲擊機攔截。汪東興接電話後，立即報告毛澤東和周恩來。毛澤東說：「林彪還是我們黨中央的副主席呀。天要下雨，娘要嫁人，不要阻攔，讓他飛吧。」汪東興給吳法憲回話，不要派飛機阻攔。當時，毛澤東、周恩來並不知道林彪要飛哪裡，去做什麼，截擊下專機，不好向中共全黨全國人民交代。

一點五十五分，256號飛機在中蒙邊境414號界椿上空，飛入蒙古境內，漸漸地在中方的雷達螢幕上消失了。

為防止再有飛機逃跑，防止有人調動飛機來北京危害中共中央，周恩來在毛澤東住所代表中央發布禁航令：從現在起，不准任何飛機飛到北京；全國所有飛機，沒有毛澤東、周恩來、黃永勝、

吳法憲、李作鵬等五人的聯合命令，不准起飛，各地空軍一律聽從大軍區司令員的指揮。從一點五十二分到五十九分，禁航令下達完畢，各軍區的陸軍部隊陸續進入空軍各機場和一些機關單位。

凌晨三點十五分，北京沙河機場緊急報告，飛走了一架直升機，機上有周宇馳、于新野、李偉信和正副駕駛員共五人。

周恩來封鎖三叉戟256號的果斷措施，粉碎了林集團的南逃計畫。在北戴河林宅亂成一團的同時，在北京的「聯合艦隊」成員也亂成一團。最先得知消息的胡萍，在通知周宇馳、林立果後，撤掉了已經準備好的南逃飛機上的物品。12日晚十一點多，正在空軍辦公大樓開會的王飛等人，接到周宇馳的電話，通知他們「暴露了！不搞了！」王飛等立即部署「撤退」，並把林彪寫給黃永勝的親筆信交還給于新野。空軍學院小樓裡，忙著準備南下物品的「聯合艦隊」成員，也於十一點多得到陰謀敗露的消息。江騰蛟等其他人也分別接到情況有變的通知，他們慌忙消滅罪證，消除痕跡。

周宇馳接到林立果北逃外蒙的通知後，遂與于新野、李偉信密謀尾隨叛逃。他們攜帶大量美金和機密文件，以執行緊急任務的名義，帶著34師直升機大隊副大隊長陳士印到沙河機場，用林彪的「九八手令」欺騙了直升機飛行員、飛行中隊長陳修文等人，於13日凌晨三點十五分劫走了3685號直-5型直升機。毛澤東、周恩來收到沙河機場私自起飛了一架直升機的報告，立即下令：派機攔截，要它迫降，不聽就打下來，絕不能讓它飛走。北空起飛了8架「殲6」攔截，但沒找到目標。

3685號直升機飛臨張家口機場附近上空時，飛行員陳修文已覺察出他們要叛逃，突然按下通話開關，故意高喊：「油量不夠，要下去加油。」周宇馳拿槍威逼陳修文，不許降落。周宇馳亮出了真面目，對飛行員說：「林副主席已經到烏蘭巴托去了，是潘副政委飛的，你不要怕，出了國境就行了。」

陳修文是位技術非常優秀的直升機飛行員。他在陳士印配合下，操縱飛機晃動搖擺，利用晃動的機會倒撥了飛機組合羅盤，改變了航向。飛機開始往回飛，這時天已開始放亮，殲擊機在他們上空飛過。周宇馳發現航向改變，問：「怎麼拐彎了？」陳修文說：「有飛機阻攔，啟動機動飛行。」周宇馳又從座位上的羅盤發現航向不對，陳修文答：「那個羅盤早就壞了。」這樣，學過雲雀直升機駕駛的周宇馳也搞不清往哪裡飛了。陳修文駕駛飛機掉向東南，經張家口、宣化，又飛回了北京。

　　13日六點四十七分，存油已經不多的3685號直升機在懷柔縣沙峪一帶降落。降落過程中，陳修文被周宇馳開槍殺害，副駕駛陳士印滿臉鮮血倒在一旁。周圍的幹部群眾和民兵，聽到直升機降落時的槍聲，從四面八方趕來。

　　周宇馳、于新野、李偉信從飛機內爬出來，往北山逃跑，一直跑到精疲力竭，再也跑不動了才停下來。周圍民兵搜索他們的喊聲也越來越近。周宇馳說：「這樣不行，早晚都是死，跑是跑不了的，咱們今天就死在這裡吧！」周宇馳把帶在身上的林彪「九八手令」掏出來撕個粉碎，于新野也把林彪給黃永勝的親筆信撕碎了。

　　周宇馳說：「有兩種死法，你們怕的話，我就先把你們打死，我再自己死。你們不怕，那就自己死。」于新野說：「還是自己死，你喊一、二、三，我們同時開槍。」他們坐下，把手槍對著自己的太陽穴，周宇馳喊：「一、二、三。」三聲槍響後，倒下了兩具屍體。李偉信抬高了槍口，放了空槍。他爬起來就跑，這時民兵已經趕到，李偉信向手持鐮刀、鋤頭的民兵投降。他一夜驚魂，死裡逃生，非常緊張，也只有衛戍區能確保他的安全，見到他們就喊：「我要找北京衛戍區司令。」

　　周宇馳、于新野撕碎的林彪「九八手令」和林彪給黃永勝的親筆信，隨後經衛戍區部隊和當地民兵地毯式搜尋，也被一片片找到了，成為林彪謀害毛澤東，發動政變的重要罪證之一。

八、溫都爾汗的荒塚

1971年9月13日凌晨兩點二十七分，林彪一行叛逃所搭乘的256號三叉戟飛機，在蒙古境內肯特省溫都爾汗地區的貝爾赫螢石礦附近墜毀。

上圖是飛機墜毀現場，左3為許文益大使，左4為蒙方翻譯。

禍起蕭牆，周恩來運籌帷幄

禁航令下達後，又從北京沙河機場跑了一架直升機。周恩來感到情況嚴重，為了毛澤東的安全，力勸他搬到人民大會堂暫住。毛澤東因此住進大會堂的北京廳。

林彪搭機叛逃，中共中央領導人對可能導致的嚴重後果十分擔心，當時都猜測是逃到蘇聯去了。周恩來協助毛澤東，立刻採取了一連串措施，做好可能出現最壞情況的準備。

周恩來親自透過電話向各大軍區負責人、省市自治區主要領導人通報情況，並發布命令：「廬山會議上第一個講話的那個人，帶著老婆、兒子叛國逃跑了！從現在起，部隊立即進入一級戰備，以

應付所有可能發生的情況。」周恩來講得既含蓄又清楚，各地黨政軍主要領導人很快明白發生了什麼事情。

周恩來按照毛澤東的指示，立即召集在京的政治局委員到人民大會堂開會，通報情況，商量對策。9月13日凌晨三點多，許多政治局委員在睡夢中被叫醒，來到大會堂。周恩來環視到場人員，說：「今晚發生的事，你們幾位不會感到突然吧？」本來就不安的會場氣氛更覺緊張。周恩來接著宣布林彪搭機叛逃的消息，大家都被這突然的消息震懾住了。最先反應過來的是演員出身的江青，她尖聲叫喊：「林彪是個鎮壓我的人！我一向是和他鬥爭的……」周恩來在會上還講了林彪歷史上的問題，說林彪在井岡山時就懷疑紅旗能打多久，受到毛澤東的著文批評。

周恩來立即通知外交部等相關部門領導人，林彪已經外逃，密切注意外電報導，研究並提出在各種可能情況下的應對措施。

周恩來還通知各主要新聞單位的負責人，確定近期內關於林彪的宣傳策略。9月13日，各有關部門緊急磋商，部署應付可能出現的最壞情況的準備。毛澤東、周恩來一整天都沒休息，觀察事態的發展，緊急安排各項應急措施，但沒有得到任何確切的消息。

14日上午，外交部黨組召開緊急會議，根據周恩來的指示，研究林彪出逃後可能出現的四種情況：一、由林彪出面公開發表叛國聲明；二、由林彪或其他人透過外國廣播或報紙發表談話；三、林彪及其追隨者暫不露面，也不直接發表談話，由外國通訊社客觀報導林彪等人已到達某國某地；四、暫不發表消息，以觀國內動靜。緊急黨組會還討論了在各種情況下對外交涉和如何表態的問題。

中午十二點二十分，外交部收到駐蒙古共和國大使館經封閉兩年的專用電話傳來的特急報告：今天上午八點半，蒙古副外長額爾敦比列格約見許文益大使，通知有一架中國噴氣式軍用機於13日

凌晨兩點三十分左右，在肯特省貝爾赫礦區十公里處墜毀。機上共九人，全部死亡。蒙方向中國提出抗議，許大使已向對方提出到現場勘查的要求。這時，中國外交部緊急黨組會還在緊張討論對付最壞情況的措施，報告馬上送到代理部長姬鵬飛手裡。姬鵬飛看後，面露笑容，額手稱慶，說：「機毀人亡，絕妙的下場！」正絞盡腦汁謀劃如何應付林彪外逃的會場，頓時活躍起來。外交部決定馬上把報告呈報給毛澤東、周恩來。

周恩來兩天兩夜沒闔眼，14日中午午飯後服用了安眠藥剛剛入睡。下午兩點，祕書把周恩來叫醒，送上外交部的特急報告。周恩來看了後，立刻要汪東興報告給毛澤東。下午五點多，周恩來主持政治局會議，報告林彪機毀人亡的消息。事關重大，連年事已高、一般不參加會議的董必武也來了。

林彪機毀人亡的消息傳來，毛澤東、周恩來及政治局的多數同志心裡都一塊石頭落地了。這是出人意料的最理想結果了！

汪東興向毛澤東報告這一情況時，毛澤東似乎也有些意外。他問汪：「這個消息可靠不可靠？為什麼一定要在空地墜下來？是不是沒有油了？還是看錯飛機了？」他還問道：「飛機上有沒有活著的人？」

毛澤東、周恩來和中共中央事先對於林立果「小艦隊」圖謀不軌，要謀害毛澤東，發動政變的陰謀活動一無所知。林彪一家突然逃跑，禍起蕭牆，是人們絕對意想不到的，毛、周及其他中共中央領導人大為震驚。林彪叛逃未遂，機毀人亡，是歷史提供給黨中央一個從容處理事件的良機。

周恩來指示外交部：從現在起，指定專人翻譯駐蒙使館發來的電報，密封後送總理親啟；今天的報告，凡經辦和知道的人都要打招呼，要絕對保密。

為進一步確認情況，查明事實真相，周恩來指示外交部，要駐蒙大使館詳細勘查現場，為慎重起見，要大使偕員親自前往。駐蒙使館立即意識到問題的嚴重性。周恩來還指示相關部門，要將事件保密得盡可能久一點，要盡可能贏得時間處理「善後事宜」，以防不測。為把這一突發事件處理得更穩妥，讓證據更確鑿，事實更準確，以便為黨內外做好承受這一突發事件的心理準備，所以，在林彪事件發生後的一段時間裡，在宣傳輿論方面並沒有做很大的改變，頌揚林彪的語言還依然如故。

在審慎地維持社會穩定的同時，對林集團的追查和清理，也日夜緊張地進行著。

13日，李偉信被抓後，北京衛戍區司令吳忠連夜對他進行突擊審訊，李供出了林立果「五七一」的陰謀計畫，吳忠極為震驚。根據李偉信的口供，在他們的據點裡查獲了大批資料。

在12日深夜轉移到原空軍第二高級專科學校待命的空軍司令部技術情報處副處長王永奎、空軍辦公室外事祕書陳倫和、空軍司令部雷達兵部副部長許秀緒、空軍司令部管理局副處長兼汽車隊隊長王琢等人，等了一夜，杳無音信，認為林立果他們已經到了廣州，便於13日下午上了前往廣州的火車。15日早上，他們到達廣州，但到處打聽不到林立果等人的消息。傍晚，得知部隊要抓他們的消息，便到一個基層單位躲了一夜。第二天，他們弄到空白介紹信，偽造姓名、身分，準備搭乘火車到上海。在廣州源潭車站，他們被抓了。

幾天時間裡，「聯合艦隊」成員、空軍政治部黨委書記江騰蛟、空軍副參謀長王飛、空軍副參謀長胡萍、空軍作戰部長魯珉、空軍情報部長賀德全、空軍司令部二處處長朱鐵錚、空軍司令部辦公室副主任劉世英、空軍司令部軍務部裝備處副處長鄭興和、空軍司令部辦公室祕書程洪珍等相繼被收審。13日，組織上找江騰蛟

談話，他在還不知道林彪逃跑、機毀人亡的情況下，就交代了謀害毛澤東的陰謀罪行，寫下《謀害毛主席陰謀事件的經過》等書面資料。同日，魯珉等人也交代了自己的罪行，他們在12日深夜開會商定的南逃編組名單被查獲。

9月20日，空四軍政委王維國、空五軍政委陳勵耘被收審。9月25日，南京空軍副司令員周建平被收審。9月30日，國防科委第一副主任兼空軍副司令員王秉璋、民航總局政委劉錦平被收審。

「九一三」事件後，中央沒有立即對黃永勝、吳法憲、李作鵬、邱會作採取措施。毛澤東對周恩來說：「看他們十天，叫他們坦白交代，爭取從寬處理。老同志，允許犯錯誤，允許改正錯誤，交代了就行。」

十天來，這些與林彪關係極不尋常的將領們，既沒有揭發林彪的罪行，也沒有交代自己的問題，反而偷偷銷毀與林彪密切往來的證據。黃永勝焚燒資料，把燒紙用的瓷缸都燒裂成兩半。

十天後，毛澤東讓汪東興找來周恩來，問起處理黃永勝一行的情況。周恩來向毛澤東報告，他們在拚命燒資料。毛澤東說：「是啊，那是在毀滅證據嘛。這些人在活動，是要頑抗到底了！」周恩來說：「我馬上辦，今天晚上辦不成，明天早上一定辦成。」

從毛澤東處出來後，周恩來對汪東興說：「你不能離開中南海，要嚴加保護主席的安全。」

24日上午，周恩來把黃、吳、李、邱召集到人民大會堂福建廳開會，向他們宣布中央對他們實行隔離審查的決定。當他們進門時，警衛先做檢查，看他們是否帶有武器。周恩來對他們說：「出事十天了，你們幾個一言不發、一字不寫，不知是為了什麼？」「今天早晨三點，主席最後下了決心，你們幾個暫時離開工作，給你們找了幾個住的地方，你們分別去寫資料。軍委辦事組的工作，

由葉帥暫時負責。」

不久，10月6日，空軍學院小樓裡一份最關鍵的罪證資料被清查出來，送達周恩來手中。這就是1971年3月22日至24日，林立果、于新野等人搞的《「五七一工程」紀要》。這份由于新野潦草地記在一本小活頁本上的陰謀政變計畫，與林彪的「九八手令」、給黃永勝的親筆信等罪證資料，一起成了林彪集團發動反革命政變最重要的證據。

折戟沉沙，副統帥葬身荒漠

林彪事件事發突然，事件結果又有著某種歷史的偶然性，在迷霧重重的「文化大革命」中，更帶有撲朔迷離的神祕色彩，容易使人們產生種種猜測，許多假想臆說流傳至今。

256號三叉戟飛機在13日凌晨一點五十五分從414號界樁上空進入蒙古境內後，很快降低高度，中方雷達跟蹤飛機進入蒙古國兩百多公里處消失。半小時後，兩點二十七分，蒙古肯特省省會溫都爾汗西北七十公里處的依德爾莫格縣蘇布拉嘎盆地突然響起巨大的爆炸聲。爆炸聲和隨之燃起的大火，驚動了附近的人們。一位正在當地炸藥庫值班的女士，聞聲拿槍衝了出去，發現一架墜落的飛機，飛機引擎上正噴著熊熊烈焰。256號飛機在緊急迫降時機毀人亡，準確方位是東經111度17分，北緯47度41分。

9月15日下午六點，剛出任駐蒙大使不到一個月的許文益，奉命帶著大使館二祕孫一先，隨員沈慶沂、王中遠來到了飛機失事現場。蒙方陪同前往的，有外交部領事司司長高陶布、二司專員古爾斯德、邊防內務管理局桑加上校，還有航空、法律、法醫等方面的專家。

飛機失事現場蘇布拉嘎盆地是一個沙土質盆地，地勢開闊平坦，遍地覆蓋著三、四十公分高的茅草，南北長約三千公尺，東西寬約八百公尺，北、東、南三面被高低不等的土包環繞，西面則是一個斜坡。飛機著陸點正好在盆地中央，墜毀在盆地的南半部，草地燃燒面積長八百公尺，寬度由北面的五十公尺擴展到南面的兩百公尺，呈倒梯形。舉目望去，周圍是秋風蕭瑟，一望無垠的荒原，燃燒過的焦黑色草地上散落著大大小小的飛機殘骸，覆蓋著白布的屍體，在殘陽斜照下怵目驚心，悲切淒涼。

盆地中央的飛機著陸點以南，約三十公尺長的草皮被機腹擦光，西側平行處，是右機翼劃出一道深約二十公分的槽溝。再往南，擦地痕跡消失了，進入燃燒區。飛機碎片越來越多，越來越大，散落面積越來越寬。機頭燃燒區距著陸點五百三十公尺左右，火勢最猛，只剩下鑲嵌儀表的空架子和大堆殘缺機件，機殼都已化為灰燼。它的正東二十公尺左右有一大段機翼，上有「民航」兩字，其根部有一個直徑約四十公分的大洞，洞孔形狀不規則，邊緣外翻。機頭以南八十公尺處有一個起落架，機頭西北六十公尺處，是斜臥著的機尾，上面的五星紅旗和機號「256」等標記清晰可見。這些標誌明確無誤地顯示，這就是林彪乘坐的民航256號專機。

機頭以北五十公尺範圍處散布著九具屍體，中間有一個炸壞的方形食品櫃，旁邊堆有蒙古方收集起來的死者遺物。屍體大都仰面朝天，四肢叉開，頭部多被燒焦，面部模糊不清，難以辨認。現場遺物中有林立果的空軍大院0002號通行證。中國大使館人員把屍體從南向北編為1至9號，從各個角度拍成照片，以便之後鑑別確認。根據事後查證：1號屍體是林彪座車司機楊振剛，2號屍體是林立果，3號屍體是劉沛豐，4號屍體是特設機械師邵起良，5號屍體是林彪，6號屍體是機械師張延奎，7號屍體是空勤機械師李平，8號唯一女性屍體是葉群，9號屍體是256號飛機的飛行員潘景

寅。所有屍體都沒有任何搏鬥的痕跡,沒有發現任何彈孔。

這些屍體和一般飛機失事的屍體不一樣,他們並非個個都是焦骨殘骸,而是軀幹都完整,大多是皮肉挫裂、骨骼折斷、肢體變形等碰撞外傷,大部分的傷勢並不重。這是在飛機著陸的摔撞毀壞過程中造成的。但是他們的皮膚都燒灼得厲害,多數屍體難以辨認,而且個別屍體,如林立果、潘景寅等人,似有火中掙扎狀。據此似乎可以推測出,在飛機爆炸的瞬間,他們有些人只是被摔昏,並未完全死亡,是被繼而燃起的草地大火燒死的。由於大火燃燒時伴有一氧化碳中毒,屍體皮下均呈櫻桃紅色。加之當中國大使館人員前往時,屍體已經停放達八十個小時之久,個個僵硬腫脹似蠟人,看起來顯得比較年輕。特別是葉群的屍體,看起來只有三十歲左右。最值得注意的是,每具屍體的腕上都沒戴手錶,腳上沒穿鞋子,這是為避免飛機緊急迫降而預先採取的措施。看來,這架飛機的迫降是有準備的。

中國大使館人員詳細勘查現場,拍了幾十卷現場照片,草繪了飛機失事的現場圖。在逐一查看完屍體後,即按蒙古習俗入殮埋葬,最後把飛機機尾炸掉的引擎進口環放到墓頂作為標誌,舉行了簡單的致哀儀式。

中蒙雙方對飛機失事的原因做了分析。

蒙古方面認為:飛機是在沒有外力影響的情況下,由於自身不明原因,緊急降落,著陸失敗,右翼撞地折斷,引起爆炸燃燒而失事。據蒙方提供的烏蘭巴托中央機場氣象台報告,在9月13日兩點時,肯特省依德爾莫格縣上空有二至四級的風,無風沙,無霧,能見度五十公里,飛機失事地點無危險的氣象情況。因而,可以排除由於自然現象導致飛機失事的可能性。

中國大使館給中國國內寫的飛機失事報告中分析:從周圍無高大目標,迫降地點選擇合理,著陸點到燃燒區有幾十公尺距離,以

及死者軀幹燒傷不重，無高空摔折等情況來看，飛機不像是空中著火爆炸，而是著地後爆炸起火。

9月21日，勘查墜機現場的中方人員，駐蒙大使館二祕孫一先帶著現場拍攝的膠卷、失事現場示意圖和相關資料回到北京彙報。

當晚，周恩來在人民大會堂福建廳聽取了孫一先和外交部主要領導的彙報。凌晨兩點多，根據周恩來指示，北京軍區司令員李德生、外交部負責人符浩、民航總局負責人鄺任農、中央辦公廳負責人楊德中、公安部長李震、北京軍區空軍司令員李際泰及尚未被羈押的空軍司令吳法憲，來到人民大會堂東大廳，一起研究駐蒙大使館送來的照片和資料，分析飛機墜毀的原因。最後一致同意李際泰的看法：飛機因燃料將要耗盡，被迫做緊急著陸的準備，飛行員不熟悉較大區域的地面情況，最佳選擇就是找一塊平坦的地方，冒險以機腹擦地降落。看來，飛機著陸後，由於失去平衡，右翼向下傾斜，觸及地面，與沙石衝磨，驟然升溫造成油箱起火，從而導致全機爆炸。從當時的特殊情況來看，飛行員技術很好，選擇了唯一的處理辦法。他們也考慮到其他原因，如機件失靈，或被地面炮火擊傷而墜落，或擊傷後被迫著陸等，但認為這些可能性較小。凌晨四點多，分析結果報送給周恩來。

1972年5月，中央專案組邀請王海（後曾任空軍司令員）為首的空軍技術專家們，對飛機墜落的原因做了系統分析，得出的結論是：256號飛機是有操縱地進行野外降落（迫降），但是沒有成功而破碎燒燬。

根據各方面的分析來看，256號飛機墜毀的情況是這樣的：256號飛機從山海關機場起飛時，油箱存有12.5噸油。飛機飛到溫都爾汗附近共飛行118分鐘，航程1080公里，耗油量要10噸左右，存油量大概還有2.5噸。其中還有一部分油是油泵抽不上來的，不能使用。所以，飛機在低空最多還能繼續飛二十多分鐘，這

使得飛行員急於尋找著陸點。但是，機上沒有領航員，地面又沒有導航，並且是夜間飛行，就是潘景寅這樣的飛行老手，也難能判斷出當時飛機的準確方位。由於油耗限制，他不敢擴大飛機的搜索半徑。其實溫都爾汗市就有一座簡易機場，離飛機墜毀地點僅七十公里，在那裡降落的油是足夠的。

潘景寅是個技術熟練、富有經驗的飛行員，他選擇的降落場地是一片平坦的草地，應該是比較理想的。降落前，機上人員已經做好野外迫降的準備，手錶和鞋子都取下來了。而且，從現場飛機機械師們的屍體就在林彪屍體旁邊來看，似乎他們在迫降前是圍繞著林彪保護他的。飛行員也做了野外迫降的動作，飛機的前開縫翼已經打開，沒有放下起落架。起落架是在機場堅硬跑道上使用的，而在野外軟地面的降落，要依靠飛機機體與地面接觸的摩擦來完成。飛機的實際降落是尾部先著地，形成地面的滑痕，說明操縱還是得當的。

迫降沒有成功，主要有四個原因：第一，從操作來講，降落的動作沒做完全，飛機的減速板沒有打開，減少降落速度的反推力裝置也沒有使用，造成飛機著陸接地的速度快。在正常情況下，這些動作是由副駕駛完成的，但256號飛機倉皇起飛，副駕駛未能上機。而飛行員似乎疏忽了，沒完成這些動作。第二，從飛機結構來講，三叉戟是下單翼飛機，設計是以有機場條件為前提，這種結構不利於野外降落。三叉戟飛機的兩翼安放在機身下部，機翼和機體腹部都有較大的油箱，在飛機不使用起落架降落的情況下，它的著陸是機翼和機腹同時著地，極易造成機翼折斷，油箱破裂，引起燃燒。第三，從地形條件來講，降落點雖然是地勢平坦的草原，但地面仍是凹凸不平，這也容易造成飛機降落後跳躍。第四，從迫降慣例來講，飛機沒有釋放完剩油，這在迫降的劇烈摩擦和衝撞中，極易造成燃燒。

由此可見，飛機是以較快速度在盆地中央迫降，先以尾部著地，造成三十公尺長的摩擦帶，同時右機翼劃地，然後飛機反彈跳躍，在空中翻滾，折斷兩翼，機身呈圓筒狀繼續帶著慣性前衝，破碎解體，機上人員被甩出。在此過程中，油箱破裂，造成大面積燃燒。那個讓人疑惑的飛機右翼根下約四十公分的洞，就是油箱爆炸造成的。飛機殘骸形成長八百公尺、寬五十至兩百公尺的梯形散布面。在這一連串的瞬間動作中，最為關鍵的是空中翻滾，如能保持正面著地，飛機當會在幾分鐘內放下充氣滑梯，人員可以緊急滑出。

　　當時，由於「文化大革命」而一度緊張的中蒙關係正在改善，蒙方對這次飛機失事的態度比較理智，雖然提出抗議，但口氣和緩。在協助中方到現場勘查，處理死者遺體遺物等方面，都給予了友善的幫助，這使得中國大使館能夠及時掌握第一手資料，為中共中央處理林彪事件提供了可靠的依據。但在9月25日以後，蒙方對於中方提出將死者遺體、遺物運回中國的請求，在態度上卻表現出某種程度的強硬，要求中方提供死者的真實身分，因而使得這一交涉陷入僵局。

　　在雙方彬彬有禮的外交辭令後面，都是大有文章。無孔不入的蘇聯KGB，已經從各種細微的跡象中敏銳地嗅出了中國政局的新變化，認為中國在蒙古境內失事的這架飛機，不是尋常的民航機事故，空難者身分神祕。 9月下旬，中蒙雙方對飛機失事的外交認定正唇槍舌劍交涉時，他們就已經祕密派出專業調查人員前往蒙古，挖掘出林彪、葉群的屍體，進行解剖研究，確定了死者的身分。調查結果被當作KGB的機密資料，只有KGB主席安德羅波夫和蘇共總書記布里茲涅夫，以及兩名調查人員知道。

　　多年來，林彪的神祕死亡——這個被稱為亞洲最大疑團的事件，一直引起了無數東方人和西方人的極大興趣。儘管中共中央的

文件中已經說明林彪事件的真相,但仍有許多眾說紛紜的猜疑,也不乏向壁虛構者。進入到1990年代後,國際環境更加趨於和諧,許多塵封多年的事件都逐一被揭開了神祕的面紗。一名年輕的美國人、29歲的自由撰稿記者漢納姆,懷著強烈的好奇心,開始對林彪神祕死亡的追蹤探密工作。

1993年5月,漢納姆來到蒙古,實地調查林彪飛機墜落現場,採訪目睹飛機失事的兩個見證人。在蒙古首都烏蘭巴托,漢納姆調查了二十多位有關人士。他了解到當時蘇聯人處理空難者頭骨的一些細節,如何把頭蓋骨放到沸水裡煮,以便把頭髮和肌肉去掉等等。他還找到了當時蘇聯專家與蒙古官員共進晚餐的照片,其中一位是主要的病理學家瓦西里・托米林。

漢納姆根據這條線索,1993年8月來到莫斯科,居然找到了退役的少將軍醫托米林教授。但沒有KGB的允許,托米林教授不肯吐露實情。

兩個月後,KGB的一批重要檔案銷密,托米林獲准講話。他和當年另一位參加調查的扎格沃茲丁將軍一起接待了漢納姆,詳細說明當年的調查經過。他還告訴這位不辭勞苦的年輕西方記者,前蘇聯設法將林彪和他夫人葉群的頭顱弄到莫斯科,存放在KGB的一個倉庫裡。

不久,俄羅斯《紅星報》刊載了該報記者對托米林的採訪報導,向世界公開了這一祕密。托米林詳細回憶了他當時負責主持驗核林彪、葉群屍體的情況:

......我們很快便找到了飛機殘骸,一群野狼已在那裡築了窩。士兵們對天鳴槍,驅走了狼群,我和沃爾斯基則開始掘屍檢驗。屍體共有九具,全都燒得面目全非,並已高度腐爛。我在兩具屍體的口中發現了做工相當精細的金齒橋和金牙,於是決定將這兩具屍體的頭骨帶回烏蘭巴托。我只是憑直覺才這麼做的,當時根本沒有什

麼猜想。

　　回到使館隨便翻閱幾本雜誌時，看到林彪的照片，我心裡一動，脫口而出：真像啊！回到莫斯科後，我便收集了大量林彪生前的照片。在一張脫帽照片中，我發現林彪的右太陽穴稍上方處有一道明顯的疤痕，而在我帶回的頭骨上也有這麼一條傷痕。我還找來了衛國戰爭前，林彪在蘇聯治療時的病歷檔案。這份檔案提供了許多有用的訊息，最令我驚喜的是一張X光片，這張照片清楚顯示病人肺部組織上有一硬結──那是林彪患肺結核落下的根兒。我於是決定再次飛往蒙古。……

　　托米林教授領導的鑑定小組，找到了屍體上的結核病灶，研究了骨骼和所有牙齒，做了耳廓復原的實驗，所有證據都證實是林彪、葉群無異。最後為慎重起見，他們又做了頭骨復原術。托米林幾個月的工作最後見分曉了，他說：「結果終於出來了──複製出的頭像與照片分毫不差，終於到了可以得出唯一結論的時刻。」

　　幾十年間，在林彪、葉群、林立果的葬身之地，三叉戟256號的飛機殘骸成了鳥獸們的棲息地，野狼、蒼鷹們把它當成自己的巢穴。當地居民把它當成家用資料庫，將從機身上剝下的鋁皮做成盆盆罐罐。近幾年來，中國與蒙古邊境貿易興盛後，當地居民又把它當作一條新的生財之道。他們用這架中國最著名的飛機殘骸上的材料，與中國邊民們交換了許多精美實用的商品。殘骸中最大部分的機頭，據說被一位有錢的香港商人高價買走了，這又給當地人帶來了一筆意外之財。

舉國震驚，歷史又到新關口

　　林彪事件發生後，中共中央根據「內外有別」的原則，有計畫地、逐級分批地向中共全黨、全軍、全國人民傳達了關於林彪叛逃

的相關文件，在全黨、全國開展了批林整風運動，對林彪進行揭發、批判，清查與林彪一夥陰謀活動有關的人和事。

9月18日，經毛澤東批准，中共中央發出57號文件，正式通知：「林彪於1971年9月13日倉皇出逃，狼狽投敵，叛黨叛國，自取滅亡。」「對林彪叛黨叛國事件，中央正在審查。現有的種種物證人證業已充分證明：林彪出逃的罪惡目的，是投靠蘇修社會帝國主義。根據確實消息，出境的三叉戟已於蒙古境內溫都爾汗附近墜毀，林彪、葉群、林立果等全部燒死，成為死有餘辜的叛徒賣國賊。」通知稱：「林彪叛黨叛國，是長期以來，特別是九屆二中全會以來階級鬥爭和兩條路線鬥爭的繼續，是林彪這個資產階級個人野心家、陰謀家的總暴露、總破產。」通知說：「中央相信，林彪這個隱藏在黨內的定時炸彈自我爆炸是大好事。」並號召「全黨同志，首先是黨的高級幹部，與林彪劃清界限。」中央規定，這個文件目前只傳達到省、市、自治區黨委常委以上的黨組織。

9月28日，中共中央發出通知，將9月18日通知的傳達範圍，擴大到地、師級以上黨委。

9月29日，中共中央發出關於黃永勝、吳法憲、李作鵬、邱會作離職反省的通知，通知說他們「參加林、陳反黨集團的宗派活動，陷入很深，實難繼續現任工作，已令他們離職反省，徹底交代。軍委日常工作，中央已決定由軍委副主席葉劍英同志主持，並籌組軍委辦公會議，進行集體領導。」

10月3日，中共中央發出關於撤銷軍委辦事組，成立軍委辦公會議的通知。軍委辦公會議由軍委副主席葉劍英主持，成員有葉劍英、謝富治、張春橋、李先念、李德生、紀登奎、汪東興、陳士榘、張才千、劉賢權等十人，在中央軍委領導下，負責軍委的日常工作。

10月3日，為徹底審查、弄清林彪、陳伯達集團的問題，經毛

澤東批准，中央專案組成立。中央專案組由周恩來、康生、江青、張春橋、姚文元、紀登奎、李德生、汪東興、吳德、吳忠等十人組成。

10月6日，經毛澤東批准，中共中央向縣團級黨委通報了林彪企圖謀害毛澤東和另立中央的兩項陰謀罪行。通知還說，在10月中旬，將林彪叛黨叛國事件傳達範圍擴大到地方黨支部書記、副書記，軍隊連級黨員幹部等。

10月24日，經毛澤東批准，中共中央發出通知，將林彪叛逃事件向廣大群眾傳達。

11月14日，經毛澤東批准，中共中央將《「五七一工程」紀要》編號發給黨的高級幹部，提供他們閱讀研究。通知說：「它的實質，是反對黨的『九大路線』，是要從根本上改變黨在整個社會主義歷史時期的基本路線和政策，改變無產階級專政的社會主義制度。」

1971年12月11日，1972年1月13日，1972年7月2日，經毛澤東批准，中共中央先後下發了中央專案組整理的《粉碎林陳反黨集團反革命政變的鬥爭》資料之一，資料之二，資料之三。資料之一主要內容是林彪集團在九屆二中全會前後的活動，和毛澤東對他們的批評。資料之二主要披露了林彪集團的政變綱領《「五七一工程」紀要》的制定過程和進行政變的準備。資料之三是林彪反黨集團反革命政變的罪證。這三批資料是揭批林彪集團的主體資料。

在這期間，中共中央還召開了揭發、批判林彪的老幹部座談會。從1971年9月26日到10月15日，由李富春主持，召集部分老幹部開了九次座談會。陳毅、聶榮臻、徐向前、蔡暢、鄧穎超、鄧子恢、張雲逸、張鼎丞、曾山、王震等出席會議，揭發批判了林彪。朱德、劉伯承分別寫信、談話，揭發林彪歷史上的問題。他們都對林彪叛黨叛國活動表示極大憤慨。

盲目的個人崇拜是造成「文化大革命」的重要原因，「文化大革命」又把個人崇拜推到極端狂熱的程度，而這一切又都是和林彪的名字聯繫在一起的。「文化大革命」期間，林彪的地位和聲望都到達了「一人之下，萬人之上」的巔峰。在地位權勢上，他是「無產階級司令部」的「副統帥」，毛澤東親自選定的「接班人」；在思想權威上，他是毛澤東思想「舉得最高」、「學得最好」、「用得最活」的「好學生」和「光輝榜樣」。特別是經過多年的強化宣傳，這些體認已經逐漸形成了中共全黨、全軍、全國人民的思維定勢，很少有人會想到林彪還能有什麼問題。所以，林彪叛逃事件突發，對人們思想上心理上的震撼，無異於一場地動山搖的大地震。

　　在向廣大幹部群眾傳達林彪叛逃事件的中央文件時，人們的震驚如同聽到了晴天霹靂一般。大家都是目瞪口呆地聽著傳達，很多人不敢相信自己的耳朵，懷疑搞錯了。有些膽小的人嚇得小便失禁，甚至嚇成精神病的。

　　隨著大量的林彪罪行揭發披露出來，林彪一夥大搞雙面人、口是心非、陽奉陰違、策劃謀害毛澤東的種種罪行，激起了廣大幹部群眾的極大憤慨。人民憤慨林彪是個反革命雙面人，同時，也憤慨自己被愚弄──參加「文化大革命」的神聖性被褻瀆了。人們正是懷著這種複雜的心情，投入批林整風運動中。

　　但當人們的憤慨情緒慢慢轉為冷靜思考，一些尖銳的問題不可迴避地提出來了，懷疑「文化大革命」的思潮凝重地瀰漫於上下。最好的學生要謀害導師，法定接班人要叛國外逃，這本身就是對「文化大革命」莫大的諷刺。人們不禁要想：「文化大革命」究竟有沒有必要性？有沒有合理性？中國究竟有沒有面臨資本主義復辟的危險性？被打倒的那麼多幹部究竟是不是走資派？人民付出真誠的犧牲，除了巨大的損失和災難，還得到了什麼？它大言不慚地鞏固無產階級專政，究竟是給人民帶來利益，還是給少數個人野心家

帶來利益？……

「九一三」事件以一種歷史偶然性的形式，揭示了「文化大革命」內在的必然性矛盾，客觀上宣告了「文化大革命」理論和實踐的破產。誠如周恩來在中共「十大」上的政治報告所說，林彪是一個「萬歲不離口，語錄不離手，當面說好話，背後下毒手」的陰險人物。但他為什麼能成為中共黨的副主席、「副統帥」和寫入黨章的「接班人」？儘管林彪事件發生後不久，中共中央向全黨、全國人民公開了毛澤東在1966年7月8日於武漢寫給江青的信，說明毛澤東當時就對林彪的做法「感覺不安」，是「為了打鬼，借助鍾馗」而利用林彪。但這遠不足以說明為什麼要把如此危險的人物指定為接班人。

林彪事件的發生，從根本上顛覆了毛澤東在人們心中英明偉大的神聖形象。林彪事件給毛澤東的刺激非常之大。毛澤東畢竟是近80歲高齡的老人了，自1971年春起，毛澤東每到開春和入冬總要生病，而且是比較嚴重的老年性疾病。1972年1月，這位經歷過無數階級鬥爭，經歷過大風大浪的黨和國家最高領導人，發生了一次嚴重休克，經緊急搶救才得以脫險，但身體從此垮了。他不再在公開場合露面，報導中也再沒有了「神采奕奕，滿面紅光」的形容，從此，他那「亂雲飛渡仍從容」的熟悉身影，逐漸從人們的視野中消失了。

毛澤東也從林彪事件中反省了「文化大革命」的相關問題，吸取了某些教訓，在感情上重新和老同志靠攏。他注意解決一些「文化大革命」造成的具體錯誤，親自抓解放幹部的落實政策工作，並支持許多負責幹部重返工作崗位。他在1971年接見成都地區座談會成員時，親自為「二月逆流」平反。1972年1月10日，他主動參加陳毅的追悼會，為陳毅恢復了名譽。1973年12月，他對參加軍委會議的人說，要給賀龍、羅瑞卿、楊成武、余立金、傅崇碧平

反，並自我批評，「我是聽了林彪的一面之辭，所以我犯了錯誤」。儘管這種說法十分牽強，但畢竟是毛澤東一生中少有的自我批評，與會者都非常感動。

在支持幹部重返領導崗位方面，毛澤東最重要的大舉動，就是讓鄧小平重返黨和國家的領導崗位，並委以重任。鄧小平重返中共中央領導崗位，不僅在中央核心領導層增強了抵制「文化大革命」錯誤的支柱力量，而且，「第二號黨內最大的走資派」的東山再起，本身就賦予幹部的解放和重新重用的典型意義。但是，毛澤東整體上還是堅持「文化大革命」的方針路線，並不允許對它的懷疑、批判和抵制。但林集團是在「文化大革命」的「左」傾路線下形成的，對林彪的批判勢必要批判到極「左」思潮上，批判極左思潮又必然要批到靠「文化大革命」起家的政治暴發戶江集團。

1972年，周恩來等中共中央領導與江青、張春橋等在批林問題上發生尖銳衝突，周等人是要批林聯繫到批極左思潮的。江、張等人則力主林彪的實質是「極右」，反對批林批「左」。關鍵時刻，毛澤東出面，表態支持江、張等人的主張。從此，批林只能批極右，不能批「左」。毛的這一錯誤之後又發展到政治局批周恩來和中國全國發動「批林批孔」運動。

毛澤東對「文化大革命」的維護，使歷史喪失了以林彪事件為轉折，來結束這場劫難的契機。反映在批林問題上，就不能涉及林彪事件之所以出現的最根本問題，即長期「左」的錯誤形成的基本路線和基本理論問題。特別是江青集團還在台上，影響和控制著對林彪事件的清查工作，對涉及到他們的問題，一概不讓追查下去。這就使對林彪一夥的罪行不能得到徹底的清理，許多事件的來龍去脈言之不詳，許多被清查對象在政治高壓下說了假話，有些人為了爭取「好態度」，而把不是自己的問題攬在自己身上，許多列入文件的結論，缺乏嚴密確鑿的證據。

「九一三」事件後，對涉及林集團活動的人和事的清查和處理，雖然也有些擴大化的情況，但較之「文化大革命」前期和以往類似情況的處理，政策尺度相對是要寬一些的。毛澤東再三指出：死黨只有那麼幾個人，對犯錯誤的同志要分析歷史條件，林彪當時是副統帥，大家搞不清他的陰謀。對犯錯誤的同志，要採取「懲前毖後，治病救人」的方針，改了就歡迎。毛澤東還具體說：「比如對林彪下面的幾十個工作人員和祕書，那些人都不用了？我看不行吧，要搞清楚，要教育，給他們工作做，不能不用，他們是組織派到那裡去工作的嘛。」毛澤東的指示對清查工作提供了有力的政策依據。

　　清查工作主要在空軍、海軍、總後勤部進行，比較順利，基本上查清了與林彪事件有關的人和事。「林辦」的工作人員集中辦了幾年「學習班」，到1975年8月，經毛澤東批示後，另行分配工作。當然，在當時的歷史條件下，不可能不對他們產生傷害性的影響。但和「文化大革命」初期對劉少奇等人的工作人員處理相比，他們應該是幸運的了。

　　1973年8月20日，中共中央通過並批准中央專案組《關於林彪反黨集團反革命罪行的審查報告》，決定開除林彪、陳伯達、葉群、黃永勝、吳法憲、李作鵬、邱會作等人的黨籍，撤銷他們的黨內外一切職務。

　　中共中央專案組對林案涉案人的審查處理共147人，其中按敵我矛盾處理的75人（包括按內部矛盾處理的12人）；按內部矛盾處理的12人（嚴重錯誤10人，一般錯誤1人，無錯誤1人）；未定性1人；團河學習班審查結論59人（嚴重錯誤9人，一般錯誤33人，無錯誤17人）。以上涉及軍隊人員132人，省軍級以上30人。

　　1976年9月9日，毛澤東逝世。10月6日，毛澤東的接班人華國鋒，與葉劍英、汪東興等人商定，採取果斷行動，一舉抓捕了

「四人幫」。為禍十年之久的江青集團，從此被掃進歷史的垃圾堆。這場劫難深重的「文化大革命」，終於畫下沉重的句號。

1978年12月，中共十一屆三中全會召開，中國開始全面的撥亂反正。在徹底否定「文化大革命」中，中國邁出了改革開放的步伐，歷史走向新紀元。

1979年，中共中央決定，以法律的武器，清算林彪、江青這兩個給中國人民製造了空前浩劫的反革命集團的罪行，並將兩個集團的罪案一併處理。本著對歷史負責，為子孫負責的態度，最高人民法院林彪、江青反革命集團案特別檢察廳、特別法庭進行了充分的調查。「兩案」審判遵循重證據，不輕信口供，以事實為根據、法律為準繩的原則，對林彪事件的當事人一一重新調查，重新確認了所有證據。在證據確鑿的前提下，提起審理林彪反革命集團案。

1980年7月至8月，按照法律程序，先後對羈押八年之久的陳、黃、吳、李、邱及「聯合艦隊」的二十一名成員補辦了逮捕手續。

1981年1月，最高人民法院林彪、江青反革命集團案特別法庭判決：林彪反革命集團案主嫌陳伯達有期徒刑18年，主嫌黃永勝有期徒刑18年，主嫌吳法憲有期徒刑17年，主嫌李作鵬有期徒刑17年，主嫌邱會作有期徒刑16年，主嫌江騰蛟有期徒刑18年。

1982年2至3月，中國人民解放軍軍事法庭根據「兩案」審判所掌握的法律尺度，先後對林彪反革命集團案的其他有關案犯進行了宣判：

原廣州軍區空軍參謀長顧同舟，為林彪反革命集團提供情報，以資敵罪判處有期徒刑11年。

原空軍副參謀長胡萍為林彪反革命集團陰謀活動提供飛機，以資敵罪判處有期徒刑11年。

原空四軍政委王維國以積極參加反革命集團罪判處有期徒刑3年，以策動叛亂罪判處有期徒刑12年，決定合併執行有期徒刑15年。

其他「聯合艦隊」成員，參與反革命政變者，也由各軍兵種的軍事法庭判決：

原空四軍政治部祕書處副處長李偉信，因犯有積極參加反革命集團、陰謀顛覆政府、投敵叛變（未遂）罪，判處有期徒刑15年。

原空軍司令部辦公室副主任劉世英，因犯有積極參加反革命集團、陰謀顛覆政府、分裂國家罪，判處有期徒刑15年。

原空軍情報部長賀德全，因犯有積極參加反革命集團、陰謀顛覆政府、分裂國家罪，判處有期徒刑12年。

原空軍作戰部長魯珉，因犯有積極參加反革命集團、陰謀顛覆政府、分裂國家罪，判處有期徒刑10年。

原廣州軍區空軍司令部管理處處長陳伯羽，犯有為林彪反革命集團提供情報罪，判處有期徒刑4年。

原空軍司令部辦公室祕書程洪珍，因犯有積極參加反革命集團、陰謀顛覆政府、分裂國家罪，判處有期徒刑11年。

原空軍情報部副處長王永奎，因犯有積極參加反革命集團、陰謀顛覆政府、分裂國家罪，判處有期徒刑11年。

原空軍軍務部副處長鄭興和，因犯有積極參加反革命集團、陰謀顛覆政府、分裂國家罪，判處有期徒刑11年。

原空軍司令部辦公室祕書陳倫和，因犯有積極參加反革命集團、陰謀顛覆政府、分裂國家罪，判處有期徒刑5年。

原空軍雷達兵部副處長許秀緒，因犯有積極參加反革命集團、

陰謀顛覆政府、分裂國家罪，判處有期徒刑8年。

原空軍司令部辦公室處長朱鐵錚，因犯有積極參與反革命集團罪，參與策劃南逃廣州，判處有期徒刑5年。

原空軍司令部管理局副處長兼汽車隊隊長王琢，因犯有積極參加反革命集團罪，判處有期徒刑3年。

原武漢軍區某野戰師政委關光烈，因犯有積極參加反革命集團、反革命殺人（未遂）罪，判處有期徒刑10年。

空軍副參謀長王飛，論罪不比江騰蛟輕，也是林彪反革命集團案的主犯之一，但他在押期間患精神病，遂保外候審。

他們刑期的執行從羈押時算起。

到此，神祕的林彪事件可以說是公諸於天下了。林彪和妻子葉群、兒子林立果落了個折戟沉沙，葬身異國的下場。林彪事件中所牽扯的一干人等，也都受到法律制裁，但林彪事件所引發出對這段歷史多方面的思考，還將久久地在歷史的上空迴蕩著。

國家圖書館出版品預行編目(CIP)資料

折戟沉沙溫都爾汗 / 王海光 著. -- 第一版.
-- 臺北市：崧燁文化，2018.12

　面；　公分

ISBN 978-957-681-669-7(平裝)

1.林彪 2.傳記 3.政治鬥爭 4.中國史

628.75　　　107021724

書　　名：折戟沉沙溫都爾汗
作　　者：王海光 著
發行人：黃振庭
出版者：崧燁文化事業有限公司
發行者：崧燁文化事業有限公司
E-mail：sonbookservice@gmail.com
粉絲頁　　　　　　　網　址
地　　址：台北市中正區重慶南路一段六十一號八樓815室
8F.-815, No.61, Sec. 1, Chongqing S. Rd., Zhongzheng Dist., Taipei City 100, Taiwan (R.O.C.)
電　　話：(02)2370-3310　傳　真：(02) 2370-3210
總經銷：紅螞蟻圖書有限公司
地　　址：台北市內湖區舊宗路二段121巷19號
電　　話：02-2795-3656　　傳真：02-2795-4100　　網址：
印　　刷：京峯彩色印刷有限公司（京峰數位）

　　本書版權為九州出版社所有授權崧博出版事業股份有限公司獨家發行電子書繁體字版。若有其他相關權利及授權需求請與本公司聯繫。

定價：400 元

發行日期：2018 年 12 月第一版

◎ 本書以POD印製發行